2021年
上海市学校
美育评价优秀案例
研究成果汇编

SHANGHAI SHI XUEXIAO MEIYU PINGJIA YOUXIU ANLI YANJIU CHENGGUO HUIBIAN

上海市艺术教育委员会
上海市学校艺术教育发展评估中心
上海市教育发展有限公司
《晨刊》编辑部
编

上海社会科学院出版社

序

Preface

  习近平总书记在全国教育工作大会上提出"培养德智体美劳全面发展的社会主义建设者和接班人"的育人目标，将"美育"置于重要的地位，明确提出要全面加强和改进学校美育工作，让祖国青少年一代身心都能健康成长。这就要求我们弘扬中华优秀文化传统，扎根新时代美育工作，推动学校美育工作的不断提高和不断进步。

  在中共中央、国务院印发的《深化新时代教育评价改革总体方案》中提出要改进美育评价，把中小学生学习音乐、美术、书法等艺术类课程以及参与学校组织的艺术实践活动情况纳入学业要求，促进学生形成艺术爱好、增强艺术素养，全面提升学生感受美、表现美、鉴赏美、创造美的能力。探索将艺术类科目纳入中考改革试点。推动高校将公共艺术课程与艺术实践纳入人才培养方案，实行学分制管理。由此可见，学校美育、艺术教育的成功与否直接关系到我国高等人才素质的培养，而学校美育改革的成败在很大程度上取决于科研、教材以及教学团队的质量和水平。对于美育工作而言，进一步明确了我们未来一段时间的工作方向和工作重心。

  近年来，上海在学校美育工作上做了不少探索，积累了一定的经验。中共上海市委办公厅、上海市人民政府办公厅印发了《关于全面加强和改进新时代本市学校美育工作实施意见》，上海市政府、上海市教委印发了《上海市学校艺术教育工作规程实施意见》《上海市学校美育发展"十四五"规划》等文件。希望通过文件精神的贯彻和落实，使上海学校美育工作取得突破性进展，美育课程全面开齐开足上好，教育教学改革成效显著，资源配置不断优化，评价体系逐步健全，管理机制更加完善，育人成效显著增强，学生审美和人文素养明显提升。

上海的学校美育工作，始终牢牢把握"坚持立德树人，扎根时代生活，遵循美育特点，弘扬中华美育精神"这一原则，始终与中央的发展要求相一致、与上海的发展大局相一致、与美育的发展规律相一致，形成上海学校美育工作的特色和亮点。上海学校美育工作在美育的观念创新、体制机制改革、平台路径建设上，都有不少的探索，夯实了学校美育工作的基础，形成了学校美育工作的合力。

上海的学校美育工作，坚持面向人人，带动学生艺术教育水平的整体提升，深入推进上海文化的传播，与教育事业紧密合作、深度融合和协同发展，以培养和引进优秀文化人才、提升各级各类在校学生文化素养为核心，推动建设国际文化大都市，实现教育现代化。

我们也应当看到，学校的美育工作还有不少薄弱环节，它离我们的要求还有一定的距离。因此，如何对学校美育工作的特色和经验进行梳理总结，为今后的学校美育工作提供有效的发展思路和发展策略，不断提高学校美育工作水平，这就需要我们一起来努力。在今后的工作中，希望大家一起贡献智慧、开拓创新，使得上海的学校美育工作越来越好，越来越有特色和亮点。

编者的话

Editor's words

为深入贯彻落实习近平总书记关于学校美育的重要思想论述,深化上海市学校美育工作及实践改革,提高上海市学校美育科研水平,上海市学校艺术教育发展评估中心、上海市教育发展有限公司、《晨刊》编辑部联合举办2021年度上海市学校美育科研论文评选活动。

本书汇编论文来自此次征文活动优秀获奖论文。文章从理论研究和实践操作角度,反映2021年度上海市学校美育工作在美育理论研究,美育教学、课程改革及活动实践,艺术团队与美育师资队伍建设,美育素养与美育评价改革研究,美育管理和保障机制等方面的优秀成果,为广大教师及教育相关工作者提供了美育教学及管理经验。

希望通过征文活动,进一步提升广大教师和教育相关工作者关于学校美育工作的理论研究能力,加强学校美育工作经验的实践指导作用,对进一步引领广大学生树立正确审美观念、陶冶高雅情操、塑造健康心灵及道德价值观,培养新时代德智体美劳全面发展的社会主义建设者和接班人发挥积极作用。

目 录

Contents

从技术反哺走向文化互哺
　　——"老有得看"大学生公益志愿队实践案例分析
　　　　……………………… 徐　剑　郭贞祎　徐经榆　杨亦逸（1）

用歌声叙史，以文艺育德，续红色基因，扬民族精神
　　——以经典红色歌剧《江姐》排演为例的声乐人才育人体系建设
　　　　………………………………………………… 李　巍　王伊达（14）

大中小学一体化"工程美育博物馆"建设研究
　　——以上海理工大学"机械艺术博物馆"为例
　　　　………………………………… 孟　轶　蔡锦达　史　帅（21）

新海派美育课程体系的探索和实践
　　——以上海大学上海美术学院为例 ………… 程雪松　达天予（29）

混合式教学在高校公共艺术教学中的实践
　　——以"书画装裱工艺"为例 ………………………… 何　爽（42）

CG时代CIE"定格动画"课程的项目化教学初探
　　——构筑"以美育人"的新格局 ……………… 李　平　宋　斐（51）

通过"情景对话"提高幼儿美术活动的积极性 ……… 施　靓（64）

浅谈新时代中小学美育工作的价值逻辑与基于现状的策略探索
　　　　……………………………………………………… 李志军（82）

践行学校美育工作,培育明德懿行翘楚
　　——"造物空间"陶艺课程的实践与探索 …………………… 吴颉依（ 92 ）
基于体态律动的小学低年级歌唱学习方式变革课例研究 ………… 韦勇军（106）
以美育人,踏歌而行 …………………………………………………… 李洪艺（116）
概念为本的美育跨学科教学实践
　　——以《安塞腰鼓》单元为例 ………………………………… 周　青（123）
创新发展添活力　传统文化显魅力
　　——"京韵润童心"课程的实施与完善 ……………………… 蒋丽华（135）
以书画实践为载体的"大美育"育人体系的建构与实施
　　……………………………………………………… 张勤凤　丁学玲（150）
新时代以"京昆艺术"为龙头的中小学戏曲教学新探
　　——从"戏曲课程班"到"戏曲进课堂"的思考 …………… 李保忠（166）
提炼特色,博采众长
　　——紫竹园中学美术特色"工作坊"校本教研的实践探索 … 朱　宇（172）
打开大自然的神奇百宝箱
　　——衍纸艺术社团的美育研学实践研究案例 ……………… 施哲涵（180）
电影之美助力区域艺术学科教研
　　——以普陀区的教研实践为例 ………………………………… 徐　馨（188）
深耕以"美"育人,绘就"知书达礼" ………………………… 王　健　赖才炎（200）
立足"创新舞蹈课堂"下的"三位一体"新模式
　　——学校舞蹈美育工作发展的实践与思考 ………………… 吴轶君（211）

从技术反哺走向文化互哺

——"老有得看"大学生公益志愿队实践案例分析

徐 剑　郭贞祎　徐经榆　杨亦逸

【摘　要】　审美教育有着深远的历史背景与深刻的教育功能,是新时代高校教育的重要环节。上海交通大学"老有得看"大学生公益实践团队通过阅读交流、城市漫步、空间改造等方式,加强青年学生与老年群体的沟通,以消除老年人的数字鸿沟为愿景,实现代际间文化交融互通,共同书写"城市,让生活更美好"的上海故事。

【关键词】　美育;空间改造;代际阅读;老有得看

【作　者】　徐剑,上海交通大学教授;郭贞祎,上海交通大学博士研究生;徐经榆,上海交通大学硕士研究生;杨亦逸,上海交通大学硕士研究生

一、"老有得看"美育实践案例的理论背景

美育思想源远流长,并随着人类社会实践而不断发展。"情感教育说"认为美育是将美学理论应用于教育,以培养人的崇高情感。新时代背景下习近平总书记继承发展了马克思主义美育观,强调要培养新时代德智体美劳全面发展的社会主义建设者和接班人。而美育实践,尤其是高校美育实践仍较为欠缺。"老有得看"

大学生公益志愿团,基于城市公共空间理论开展美育实践,为落实立德树人根本任务,弘扬中华美育精神贡献高校智慧。

(一) 什么是美育

"美"是人类最古老的文化传统之一,骨饰、岩壁画等都是人类文明关于美的创造。美被赋予了教化和完善人格的使命。孔子云"兴于诗,立于礼,成于乐",诗、礼、乐使受教者体验审美,得到道德教育。① 柏拉图认为文艺教育是美善教育的基础,美具有引人向善的作用和力量,促进人格完善。② 如何以美育人、以美化人、以美培元,已成为人类理论研究和实践活动的重要课题。

德国哲学家席勒在《美育书简》中,首次提出"Aesthetic Education",王国维将其译为"美育"。席勒主张,艺术家应通过"审美的游戏"净化人性,改造当代。③ 美育不再是人从自然性到理性过渡的环节,而是人的现世性的注解。④ 因此,美育教育旨在于实践中培养审美素质,提升人文修养。

当下,我们正处于百年未有之大变局,对美育的内涵及其实践的理解都处于关键时期。"老有得看"大学生公益志愿团以阅读为媒介,以分享为核心属性,通过深度交流联结社区老人和高校青年,在当代美育实践中探索实现文化互哺和情感互通。

(二) 新时代美育

习近平新时代中国特色社会主义美育观继承和发扬了当代中国马克思主义美育观,是社会主义精神文明建设的重要一环。新时代,习近平总书记立足当代中国现实,从建设社会主义文化强国的高度为美育命题注入了新内涵。

党的十八大以来,习近平总书记多次对高校美育工作作出重要指示,对美育问

---

① 张树业、马二杰:《孔子的理想人格追求与审美教化思想——释"兴于诗、立于礼、成于乐"》,载《齐鲁文化研究》2007年版,第92—97页。
② 韩书堂:《简论古希腊的美育思想及其当代意义》,《山东大学学报》(哲学社会科学版) 2003年版,第43—47页。
③ 马冰洁:《席勒美学思想研究》,中国社会科学院研究生院,2020年。
④ 杜卫:《美育:审美现代性话语的创建——重读席勒〈美育书简〉》,载《文艺研究》2001年版,第12—19页。

题与美育教育现状表达关切。2021年4月,习近平总书记赴清华大学美术学院考察时强调:"做好美育工作,要坚持立德树人,扎根时代生活,遵循美育特点,弘扬中华美育精神,让祖国青年一代身心都健康成长。"在习近平新时代中国特色社会主义思想指导下,美育不仅是党的教育方针的重要组成部分,更是立德树人的伟大事业。①

美育是德智体美劳全面培养的教育体系的重要环节,也是马克思主义美学发展传承的题中应有之义,但当前高校美育实践仍存在误区。部分高校把美育局限于艺术教育,忽视了人格养成这一根本目标;将美育等同于知识教育,重理论而轻实践;让美育依附于德育,弱化了培养审美实践的能力。②

"老有得看"大学生公益志愿团始终把立德树人放在第一位,通过文化主题的阅读分享回应积极老龄化,与时代同频共振。"老有得看"大学生公益志愿团紧紧围绕着需求和兴趣两个导向,将阅读交流会打造为老年群体和青年群体的一场双向奔赴——既为老年群体提供精神慰藉,又为青年群体打通社会交流通道。

(三)基于城市公共空间理论的美育实践

公共空间(public place)在狭义上是指开放的、与所有建筑及自然环境相关联的可以自由到达的场所。20世纪初,蔡元培就指出公共空间具有其独到的美育价值:"都市之装饰……皆所以公众之美感,而非一人一家之所得而私也",③公共空间的美育价值在于其可以引发在场者的审美情感,提升在场者的审美经验以及审美判断力。

公共空间,特别是城市公共空间,具有不容忽视的美育价值。重视城市公共空间的传播和教育功能,利用城市公共空间潜移默化的进行美育实践,能够高效促进城市中不同团体或社会阶层的人进行多元、包容的联结与沟通,从而实现"美美与共,天下大同"的具有和谐之美的社会理想。

城市公共空间包含所有的街道、广场及其他能被住宅区、商业区或社区市民使用

---

① 尹少淳:《对美育的最新认识和刚性要求》,载《光明日报》2020年11月24日。
② 金昕:《美育与大学生人格养成》,东北师范大学2009年。
③ 蔡元培:《蔡元培美学文选》,北京大学出版社1983年版,第83—84、61页。

的空间、开放空间和公园①,美的城市公共空间向人们传递了自然景观和人文艺术之美。对于美的城市公共空间而言,只要保证可触及、可视及和可听及,就能够让人们得到审美上的熏陶与教益。此外,建筑也在潜移默化中发挥着审美教化的作用。

"老有得看"运营团队核心成员参与"外国人眼中的上海国际文化大都市形象调查",研究了咖啡文化等城市公共空间理论。对于上海,咖啡馆具备独特的城市公共空间属性,尤其是位于上海历史风貌保护区的咖啡店。依托咖啡馆开展美育实践,将咖啡与文化消费深度绑定,不仅拓展了美育的内涵和形式,也有利于发展城市文化,打造国际化大都市形象。

"老有得看"公益团队致力于改造社区公共空间、阅读城市建筑,在公共空间积极探索美育实践。让社区公共空间更加适老、适读和适沟通,让设计美学赋予空间可阅读的价值和意义;让老青两代携手,感受"建筑可阅读,街道可漫步,城市有温度"的"人文上海"。

二、"老有得看"美育实践案例内容

近日,中共中央办公厅、国务院办公厅印发《关于全面加强和改进新时代美育工作的意见》,强调学校美育要大力开展以美育为主题的课外校外实践活动,弘扬中华美育精神。弘扬中华美育精神把塑造"心灵美"放在首位,强调美育活动要充分体现思想性、民族性、创新性、实践性。

"老有得看"大学生公益实践项目以"老友青年"团队为核心,搭建年轻人与老年人的线下沟通桥梁;以阅读为切口,关注青年群体和老年群体的情感和精神需求,给城市老年人带去知识和人文关怀。美育不仅需要走进高校、走进大学生,更重要的是让学生带着高校的思政教育和美育成果走入基层、走向社会,实现代际间的文化互哺,营造出具有和谐之美的社会氛围。

(一)在阅读交流中分享历史文化传承之美

在常规活动板块,"老有得看"公益团队组织一群热爱中国传统文化的交大青

---

① [英]马修·卡莫纳、史蒂文·蒂斯迪尔等:《公共空间与城市空间——城市设计维度》,马航等译,中国建筑工业出版社2014年版,第3页。

年走进社区,与老人一起阅读传统文化书籍、交流古典美学知识、举办美育交流活动,在"老友"和"青年"之间传承历史美学。

"老有得看"团队围绕着需求和兴趣两个导向,为老年群体带去文化主题的阅读交流会。不同于传统的灌输式授课模式,阅读交流活动针对老年群体"爱表达""爱交流"的性格特点,开展以引导讨论为主、知识分享为辅的圆桌交流。经过前期的活动总结,团队形成一套成熟可复制的课程模式和活动节奏:主讲人引出话题,启发思考,在互动环节通过与老年人的深度交流把活动氛围推向高潮。活动形式以阅读交流为主,辅之以数字化的教学。在阅读板块,一名学生讲师介绍阅读书籍和主题,其他志愿者与老人们进行交流。在数字化教学板块,志愿者根据阅读的主题准备相应的数字化教学内容。

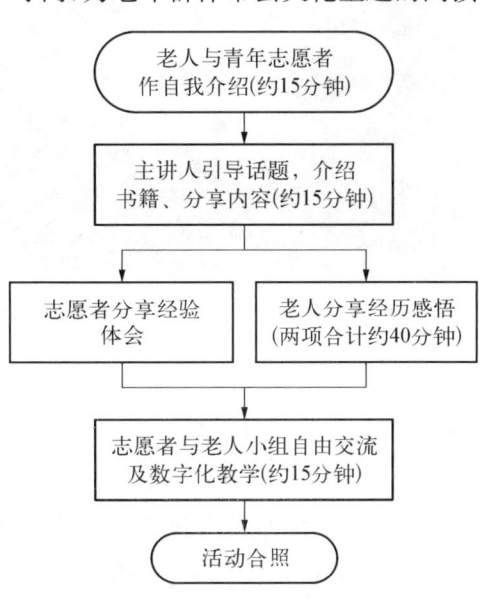

图1 "老有得看"常规活动模式流程

图2 老友青年在普陀区分享传统服饰文化

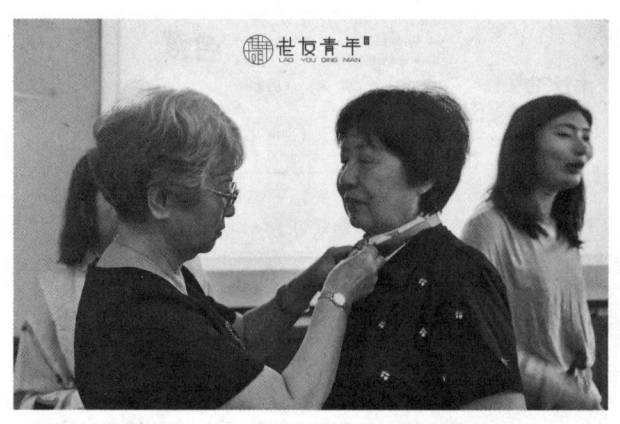

图3 老友青年在闵行区分享传统配色知识

截至目前,"老有得看"团队已与上海市6个街道、7个社区500余位老人就文化主题开展阅读分享活动,其中关于服饰和配色主题的美育内容尤其受到学生和老人的喜爱。在中华传统服饰的活动环节,热爱服饰文化的同学担任活动主讲人,他们和老人分享文物专家孙机的《华夏衣冠》一书,讲述中国传统服饰演变与当代传承,历数古代服饰变革,尽显华夏衣冠流变。从春秋战国的深衣到民国的旗袍,以图文并茂的形式向老人详细介绍各个朝代服饰的特点与魅力。

主讲人和志愿者一起结合当下的汉服复兴运动、汉元素和服饰博物馆展示了从古至今源远流长的创新与传承。老人们作为汉服、旗袍等传统服饰的爱好者对于同学们的分享十分感兴趣,并就自己所理解的传统文化与同学分享审美心得体会。"罗衣何飘飘,轻裾随风还",服饰记录了历史的存在,描绘了人类的生活形象,是人类遮体点缀的软雕塑艺术,同时又是穿在身上的民族文明史。美的服饰,是一个民族审美传统和文化素养的直接体现。在青年和老年的交流分享过程中,双方共同学会理解与接受美的差异性和审美个性,面对服饰美的发展现状积极地延续传统与创新时尚。

(二)在沪上漫步中领略海派文化特质之美

为了促进"建筑可阅读,街道可漫步,城市有温度"的"人文上海"建设,"老有得看"团队策划举办"沪上漫步"系列活动,老人与青年携手漫步上海街道,在城市老建筑中阅读文化历史,在漫步交流中感受城市美学。

"沪上漫步"活动的形式以老人与青年学生共同漫步交流为主,每次活动邀请约10位老人和15位青年学生志愿者,采取一对一陪同游览的方式,共同感受沪上建筑的历史与文化,重温城市发展,在打卡红色建筑与户外漫步中,老青两代接续

图 4　老友青年在黄浦与退役军人参观红色渔阳里

图 5　老友青年在徐汇区与交大老校友参观百年校园建筑

传承,感受城市美学,支持"人文上海"建设。

截至目前,"沪上漫步"系列活动已成功开展三期:在交大校庆之际,邀请老校友返校与同学一起阅读交通大学徐汇校区的百年建筑群,在参观时阅读百年建筑底蕴,在漫步中回忆青春峥嵘岁月;在五四当日,与上海市黄浦区淮海中路街道共同举办"漫步红色渔阳里"特别活动,邀请10位退役老兵和老党员,与交大青年学生一起参观《新青年》编辑部和团中央旧址,阅读中国革命的红色征程与百年党史里的精神星光。老友与青年共同阅读城市历史建筑,感受老建筑的凝固之美,接续上海海派文化的历史文脉,共同推进美育实践与"人文上海"建设。在中共百年华诞即将到来之际,与黄浦区淮海中路街道退役老兵、老党员共同参观全新开馆的中共一大会址,穿越历史时光,重温初心使命。

"老有得看"团队同时针对城市博物馆、艺术馆等美育教育场所展开建筑可阅读和内容分享。目前与宝龙美术馆、玻璃博物馆等公共艺术教育单位达成初步合作意向,参与团队活动的同学以及观展观众在享受艺术公共教育成果的同时,也为城市建筑增添一份人文温度。

(三)在空间改造中探索城市生活细节之美

"老有得看"团队深入社区,调研社区老人的文化生活需求。在充分了解老人们的需求后,团队依托各成员的跨学科专业能力,参与社区公共空间的实际改造,加强社区空间的功能性和设计性,充分发挥社区空间的利用价值,创新社区美学,探索城市日常生活的细微之美。

社区空间的改造以同学参与为主,在了解老人的需求后,借助于社区和街道的配合协调,同学们亲自参与空间设计和改造。空间的改造以阅览室、读书角等为主要对象,通过模块化和标准化设计让阅读空间更加适老、适读和适沟通,增强其相应的功能性。另一方面,也通过同学们的个性化设计,让这些文化空间更具有设计美学意蕴,各具特色代替千篇一律,让空间本身具有可阅读的价值和意义。"老有得看"团队将利用暑期实践的机会去以川渝为代表的西部城市,通过了解当地老人需求,并结合上海的社区空间营造经验,参与到当地社区的空间改造中,实现上述阅读空间的"三适性"和可阅读性,在美育实践中探索城市生活与公共空间改造碰撞出的多种可能性,感悟人文城市的细节之美。

三、"老有得看"美育案例价值分析

自 2020 年末创立以来,不到半年时间"老有得看"公益实践团已覆盖学生志愿者人数超过 300 人,与校级和多支院级青年志愿者队展开合作,在上海全市范围内 5 个区、7 个社区场所长期开展志愿实践活动,举办线下活动 20 余场,服务全市老年群体 700 余人,自 2021 年 3 月老友青年公众号上线以来,关注量呈现指数增长的趋势。目前"老有得看"团队开设了自己的微信、微博以及 B 站视频号,各级媒体曝光量达 100 万余次。在 2021 年 4 月 29 日"老友青年"在黄浦区淮海中路街道老兵服务站的活动视频登上了学习强国"中国双拥"号。

该项目目前已荣获上海交通大学第二十二届谷歌杯创新创业大赛公益专项"公益创新奖";在 2021 年恩派汇丰中国社会企业计划中获评最具发展潜力的公益团队;上海市第三届社会组织公益创业大赛铜奖,及大学生公益创业先锋奖。目前项目已经覆盖上海 5 个区:闵行区、黄浦区、奉贤区、普陀区、徐汇区;7 个具体服务街道:江川街道、浦江镇星堡养老社区、奉浦街道、淮海中路街道、真如街道、龙华街道、湖南街道。目前已和闵行区江川街道、黄浦区淮海中路街道建立长期共建协议。进一步向上海其他区拓展,如静安区、松江区、虹口区、杨浦区等。与周边高校结成"校园合伙人",推广"老有得看"活动模式。项目目前已经和山东省济南市(山东大学)、北京市(清华大学)、浙江省杭州市(浙江理工大学)建立校园合伙人关系,在寒暑假立足社会实践,带领高校志愿者回属地开展活动,在全国范围内推广"老有得看"活动模式。

(一)积极老龄化从技术反哺到文化互哺

积极应对人口老龄化在党的十九届五中全会上被列为国家战略。助力积极老龄化,成了当代青年实现时代责任的一种方式。"老有得看"公益阅读服务团队因此而成立,致力于以阅读为媒介,以分享为核心属性,打破传统助老公益服务的模式,旨在丰富银发一族的精神生活。全民阅读时代,城市老年群体的阅读需求没有得到满足,全民阅读的浓厚氛围并没有给老年群体的阅读环境与体验带来质的提升。与此同时,我国社会老龄化程度逐渐加深,老年群体的生活开始从家庭走向社交,他们对于文娱阅读的需求也越来越大。

项目发起初心本是解决老人在当下互联网时代所面临的"数字鸿沟"问题,在智能手机操作、数字化办事、数字阅读等板块存在着巨大障碍。"老友青年"团队明确项目形式和价值,不仅给老年人带去知识技术与陪伴关爱,实现文化反哺,同时还架起交大学子与社会之间的桥梁,以公益活动为机遇,主动为老人提供关心关怀和帮助,用实际行动助力社会"积极老龄化",体现交大青年的责任与担当。

(二) 老青群体的心灵互动是美之本源

"老有得看"不仅让老人们拥有了更好的老年生活体验,也让交大青年学子们找到了实现自身价值,担起时代责任的方式。"我们古稀之年的退休老人,与风华正茂的交大学子一起同享民族文化,虽然年龄相差近半个世纪,区域不同,方言迥异,但是融洽快乐,毫无代沟。"这是多次参与"老有得看"活动的褚老先生,在一次活动后自发写下的长文感想中的内容。

在实践中感受美育教育,共享时代成果。除了社区公益,"老有得看"还在不断开拓着"青年—阅读—老人"之间更深的联系。在精神助老之外,投身"老有得看"的交大学子也从老人们的身上,读出了属于他们的历史和时代精神。历史之美在于其精神价值传承之美。"老友青年"以之指导,从老年人群体中进一步寻找老党员、老兵和所有为我国社会主义事业建设奉献一生的老人。老兵们作为"活"的历史见证者,生动讲述活的历史故事,他们或慷慨陈词,或一展歌喉,每次见面,大家仿佛许久未见的旧交,不甚宽阔的空间内洋溢着激情与温馨。通过原有模式,在阅读沟通中,感悟他们的信念与精神,接过这一代人手中的时代火炬,增强理想信念,助力当下社会和城市发展。

(三) 传递城市让生活更美好的价值理念

习近平总书记强调,社区就是城市治理的"最后一公里"。让高校青年走出象牙塔,共同助力社区"最后一公里"生态圈打造。随着城市生活的迅速发展,公益活动已经成为新时尚。越来越多的社会团体和组织也逐渐加入"老友青年"项目中。杨浦区民非组织善馨救援与团队达成长期合作,输送一波具有 AHA 专业资格证书的中青年志愿者参与项目,给老年人和青年人讲授海姆立克紧急救助法等日常知识,共同营造互帮互助、向上向善的城市公益新风尚。

"老有得看"运营团队核心成员同时作为上海交通大学"文化创新与青年发展研究院"硕博士生群体,专注"文化创新"和"青年发展"研究,基于大数据、民调、内容和多媒体数据等研究手法,为中央和地方政府提供信息服务和政策制定建议等。2020年研究院主持了国家、省部级项目10余项,主要研究内容有:新冠肺炎疫情研究、"更生动更扎实更自如地做好新形势下宣传引导工作"和"外国人眼中的上海国际文化大都市形象调查"等系列。

研究院青年团队提出的"十四五"期间上海国际文化大都市建设的研究成果被中共上海市委宣传部所采纳,并为《中共上海市委关于制定上海市国民经济和社会发展第十四个五年规划和二〇三五年远景目标的建议》的撰写提供决策参考。其中咖啡文化等关于公共空间的理论研究被上海市政府直接采纳,由宣传部文旅局在2021年推出上海"咖啡文化周"等系列活动,更好助力城市发展,实现城市美育教育全民行动。

四、"老有得看"美育项目的未来发展

"老有得看"公益团队立足组织开展美育实践活动的直接经验,同时与时俱进地学习中国特色社会主义新时代的先进美育经验、借鉴同期公益组织及文化创意产业的美育新形式和新理念等,归纳总结如下四点未来发展方向:

(一)针对目前美育实践活动形式单一的状况,"老有得看"公益团队将尝试开拓新的美育实践模式

目前的活动以学生主讲人为主,主讲人进行阅读分享、与老人交流互动,形式标准化但略显单薄。学生志愿者因为学业或生活事务等,难以长期稳定地主持和参与美育实践活动;而老年志愿者则与其相反,不缺乏活动的时间与热情而是缺少与青年人交流的途径。"老有得看"美育项目未来将兼顾老人与青年双方,以实现青年—老人与老人—青年的双向输出。团队将立足上海交通大学的退休教职工群体,与校退休事务中心建立联系、达成合作,以充实高素质的老年志愿者群体;此外,团队还将吸纳、组织一批前期活动中活跃、积极、有参与意愿和能力的老人,建

立上海各区域的老年志愿者队伍,从而充分地进行未来的美育实践活动。

(二) 针对目前美育实践活动内容陈旧的状况,"老有得看"公益团队将在广度与深度上对美育内容进行拓展和创新

高等学校目前存在校园艺术活动功利化、高校美育意识薄弱化和审美教育专业化[①]等诸多缺点;在社区开展美育活动时,团队也发现社区美育活动同质化、无特色等缺陷。"老有得看"美育项目未来将基于社区老人自发组织的艺术类社团(如老年汉服文化社、老年书法团体等),深耕内容、关注艺术与美的文化及历史背景,让大学生与老人不仅能享受美的形式,更能触及美的内核。

(三) 针对目前美育实践活动地域不均衡的状况,"老有得看"公益团队将立足上海,稳步推进至华东地区,进一步辐射全国

由于男女参与率悬殊,团队将针对男女审美需求的不同,按照兴趣小组代替简单的年龄层次划分,策划、组织不同的美育兴趣实践活动。目前团队通过在上海市5个区、7个社区开展美育活动中发现,上海各区域以及男女大学生与老人对美育活动的意愿程度与参与率各有参差。"老有得看"美育项目在未来的推广进程中,将针对地域经济发展不平衡、大学生与老人及男性女性审美需求差异等特征,因地制宜、因材施教,在品牌建设与地区推广过程中兼顾美育实践活动的普及化与层次化。

(四) 在上海走向全球的咖啡文化枢纽,打造亚洲乃至全球咖啡文化名城的过程中,"老有得看"项目可助力上海城市公共文化空间的升级与打造

以咖啡馆为例,首先,可以在上海打造以"多元文化"为主题的咖啡文化节。在"熊爪"咖啡出现前,永康路和南昌路拥有数十家上海热门的"网红咖啡馆",连缀成咖啡一条街;上汽·上海文化广场旨在打造"咖啡+文化"品牌,咖啡馆还同时经营线下取购票业务、表演上映剧目、售卖剧目文创产品等服务;世界顶尖科学家协会

---

① 赵聪:《大学生美育的现实困境、原因及其策略研究》,东北师范大学2014年版,第17—18页。

(WLA)上海中心和科学会堂依托其科学背景,大力塑造"咖啡+科学"的特有氛围;而藏身社区公共空间的迷你咖啡馆,从为残疾劳动者提供岗位的公益咖啡馆,到服务于记忆衰退的老年群体的记忆咖啡馆,咖啡为城市提供了一种人文关怀的力量。上海高校学生群体众多,"老有得看"平台可以为社会和高校搭建一条良好纽带,让更多的人参与到城市文化共生的营造中来,实现城市让生活更美好的理想愿景。

用歌声叙史,以文艺育德,续红色基因,扬民族精神

——以经典红色歌剧《江姐》排演为例的声乐人才育人体系建设

李 巍 王伊达

【摘 要】 文艺是一种重要的文化形态,是一种精神体现,也是反映一个时代和展现民族文化自信的重要载体。高校音乐表演专业培养的是祖国未来的文艺工作者和艺术教育者,肩负着为人民群众创作优秀艺术作品、传播文化思想的责任和使命。本文结合同济大学音乐表演专业在美育教育、艺术实践中所获得的经验,探索构建"三全育人"背景下声乐人才的育人体系建设及实施举措。

【关键词】 美育教育;声乐人才;育人体系;声乐课程链

【作 者】 李巍,同济大学教授;王伊达,同济大学讲师

一、项目背景

文艺是一种重要的文化形态,一种精神的体现。它与国家的传统文化是密切相连的。文艺也是反映时代面貌、彰显文化自信的重要载体。习近平总书记

曾在文艺座谈会上讲到"文艺是时代的号角,最能代表一个时代的风貌,最能引领一个时代的风气"①。作为高校的艺术类专业,同济大学音乐表演系(声乐专业)肩负着为祖国培养声乐表演人才,培养未来的文艺工作者和艺术教育接班人的重任。而这些莘莘学子将来所要肩负起的是为人民群众创作、演绎优秀艺术作品,向大众传播和普及艺术文化的责任与使命。因此,探索构建"三全育人"背景下的声乐人才育人体系,将思政教育贯穿于专业教育过程始终是十分重要且必要的。

基于以上原因,声乐专业教研组的老师们在充分结合声乐学科特点、专业特性及本专业内部的实际情况后,决定以综合性最强的歌剧排演为抓手,构建声乐思政专业课程链、打造声乐人才育人体系。以音乐艺术作品创作为桥梁,将专业教育与思政教育相连接,文艺育德,以文育人。在探索过程中,声乐教研组以经典红色歌剧《江姐》为切入点进行实践、探索与分析。选择这部作品的原因有三点:

(一)从专业学习角度而言,歌剧《江姐》是中国歌剧史上里程碑式的剧目,是每一位声乐专业学生必修的学习内容。无论是从歌剧脚本、音乐语汇还是经典唱段、表演形式,这部歌曲都是一部非常适合引导学生入门的经典之作,能够让学生对中国歌剧有一个相对全面的认识。学生通过学习塑造演绎歌剧中的人物角色,可以从中掌握中国歌剧的唱腔、板眼、身段、念白和人物唱段等,学习传承中国经典民族文化精品。

(二)歌剧《江姐》是一部思想内涵深刻,教育意义深远的经典之作。在排练中,学生们通过"读《红岩》、学英雄、演英雄",学习党史,赓续"红岩精神",从表演体验中获得精神上的洗礼。

(三)小说《红岩》的其中一位作者杨益言是我校的知名校友,他曾就读于当时南迁四川李庄的上海同济大学电机工程系。小说《红岩》的背后也记录着同济人艰难的抗战历史和抗战时期同济人在四川的李庄情。因此,我们希望通过歌剧这一丰富且生动的艺术形式,将红色基因赓续。

---

① 丁国旗:《习近平有关文艺系列重要论述的方法论探讨——马克思主义文艺理论中的中国化、时代化、大众化、具体化》,载《当代文坛》2020 年第 5 期。

二、做法和举措

（一）建设以红色经典剧目为核心的声乐思政课程教学链

声乐表演专业的育人目标是培养德艺双馨的声乐表演人才。一个优秀的声乐表演人才不仅要具有专业的歌唱技能，同时也要具备演绎中、西方歌剧的能力。歌剧是集声乐、戏剧、形体、表演、舞美等为一体的大型综合性的艺术表演形式。因此，声乐人才的培养绝不仅仅是单一的演唱技能的培养，而是需要演唱、形体、表演、人文素养等全方位的培育。所以，声乐专业的课程体系和教学大纲应该是围绕培养合格全面的声乐演员而设立的。要想培养一名合格的声乐演员、歌剧演员，就必须通过歌剧剧目的排演和舞台实践进行训练。可以说，没有歌剧排练的声乐教学体系就不是一个完整的声乐人才育人体系。因此，声乐专业教研组选择以红色经典歌剧《江姐》的排演作为核心构成的声乐思政课程教学链，串联起包括独唱、重唱、合唱、艺术指导、音乐理论、表演、形体、舞台实践等课程，并将思政教育贯穿融入专业教育，做到全员育人、全程育人、全过程育人。通过音乐艺术作品的排演，让学生在读剧本（历史）、学英雄、演英雄的过程中主动接受思想政治教育和"四史"教育，传承民族艺术文化经典。

（二）充分发挥美育教育在综合性高校中的思政育人功能

美育教育是帮助学生建立正确审美观念，提升人文素养的教育，是培养学生共情能力、感知能力的情操教育，在学生的性格养成和立德树人的过程中有着不可替代的作用。每个时代的学生都有不同的风格特点。相比 20 世纪八九十年代的大学生，当代的大学生显然有着更强烈的自我意识。在信息全球化的今天，学生获取信息的渠道比之前更丰富、更开放。时代对老师在专业教学和思政教育的手段上也提出更高的要求，必须要不断的创新。而通过在歌剧、戏剧、舞蹈等艺术作品中植入思政教育、传统文化等元素的教学方式，显然比生硬的理论灌输更具有感染力和影响力。通过如歌剧《江姐》等红色经典艺术作品在学校和社会范围内的公演，传递正能量，更容易引发学生的共情感。让德育教育、思政教育如春风化雨般在轻松、自然的氛围下为学生所接受,达到润物细无声的效果。

同济大学歌剧《江姐》是以艺术与传媒学院声乐专业师生为主体,全校各院系学生共同参与演出的一部红色经典民族歌剧,自2016年在校内外公演以来,共上演18场,有900余名学生参演,3万余名师生观演。在900余名的参演学生中,有30%是来自学校土木、城市规划、汽车、机械等院系的学生。近年来,随着高校思政教育的深入展开,该剧目不仅连续3年被列入同济大学红色艺术教育季的必演剧目,每年在学校大礼堂上演两场,还成为近年来同济大学新生教育的重要组成部分,以"艺术党课"的形式呈现在学生面前。为了争取让更多非音乐专业的学生近距离接触高雅艺术和红色经典艺术作品,由声乐专业教研组为主体排演的歌剧《江姐》还与学校新生院合作,每年开放8~10个名额,让非艺术类专业的大一新生有机会参与演出,并给予一定的德育加分。这样不仅吸引了一大批对歌剧表演感兴趣的学生,也充分发挥了美育教育在思政教育中的功能和优势。

(三)传承传播优秀的中华民族传统文化艺术精品

歌剧《江姐》是中国民族歌剧中最具有代表性且流传最广的剧目之一。从1964年中国人民解放军空军政治部文工团将小说《红岩》中江姐的故事搬上歌剧舞台后,至今已有50余年。我国各大专业文艺团体中都曾多次排演,至今还是中国歌剧中的常演剧目。歌剧《江姐》用音乐的故事向观众讲述了关于一代革命英烈坚定信仰理想,为追求真理,不惜流血牺牲的真实故事。

同济大学是一所综合性大学,自2004年艺术与传媒学院招收声乐专业学生以来,在发展专业教育的同时,也肩负着学校普及高雅艺术、经典艺术文化、营造良好的校园文化气氛的使命和任务。声乐专业教研组利用学校专业学科优势,在校园中带领来自全校各专业学生共同排演红色经典歌剧《江姐》,也有普及中国经典传统文化艺术、传承经典民族剧目的目的。同济大学版歌剧《江姐》的排演在引领青年学生传承、传播中华民族经典文化艺术的同时,也激发了学生们内心的爱国爱党之情。

三、育人成效

2016年以来,同济大学版歌剧《江姐》曾赴四川省、江西省井冈山、上海其他院校巡演,并赴教育部汇报演出。5年共上演18场,有900余名学生参演,3万余名师生观演,引起社会广泛关注和好评。曾获2017年教育部第三届"礼敬中华优秀传统文化"系列活动示范项目和特色项目。由歌剧《江姐》主创教师团队参与的教改项目"将立德树人贯穿育人全过程"也获得了同济大学教学成果一等奖。声乐教研组的"独唱""重唱""合唱"课程获上海市思政领航课程荣誉。2020年12月代表同济大学赴中国教育电视台录制《一堂好戏》栏目,该栏目于2021年春节播出。

铁打的营盘流水的兵,同济大学版歌剧《江姐》也无法避免学生演员新老更替的问题。但是,经过连续5年的排演,学生们已经自动形成以老带新的排练模式,在校园中做到了传承。在一次次的排练、一场场的演出中,学生们变得越来越成熟,综合能力越来越强。从台前演绎到幕后管理,整个团队更有凝聚力,学校在育人方面也获得了显著的成效。

(一)思想觉悟大幅提高,政治面貌发生改变

通过歌剧《江姐》的排演,学生的政治面貌有了很大的变化,思想觉悟也大幅提高。据统计,以《江姐》剧组中音乐表演专业(声乐)的参演学生为例,2016年的27名学生中,仅有3名正式党员,预备党员4人,占总人数的25%;而2019年,在参演的40名声乐专业学生中有正式党员8人,预备党员8人,占总人数的40%。此外,还有多名低年级学生递交了入党申请书,有入党的意愿。5年来,从《江姐》剧组走出的声乐专业的学生中,有3人光荣入伍,有2人获得了支教保研资格,有1人行政保研并担任辅导员工作。

(二)收获宝贵舞台经验,深度参与歌剧制作全过程

学生在参与《江姐》歌剧的过程中,不仅获得了歌唱技能技巧的提升、收获了舞台实践经验,还深入了解了歌剧项目的制作过程以及台前幕后的每个环节。不少学生还参与了幕后的舞台管理、服装道具管理、人员管理、话筒管理等具体的事物中,综合能力得到极大的提升。从2016年初排时,幕后工作全部由老师承担,到这两年来逐步在老师的引领下建立起学生团队共同参与管理,学生各方面的能力得到了显著提升。其中一些从《江姐》剧组走出去的毕业生,在工作后

都感慨"社会真的是需要一专多能的人才,感谢老师当时在歌剧排练时对我们在管理方面的培养"。

(三) 培养锻炼青年教师,打造优秀教学团队

从教师提升来说,歌剧《江姐》的筹备、组织、排练和巡演工作,很好地培养、锻炼了青年教师的组织协调能力、专业能力和应急能力,打造了优秀的声乐教学团队。经过5年的锻炼,歌剧《江姐》教师主创团队中的两位青年教师王伊达和朱洋获得了2019年上海市首届普通高等学校音乐、舞蹈教师基本功大赛的全能一等奖和多个单项一等奖。这与两位老师在《江姐》项目中所得到的全方位锻炼、学校各级领导的关心和艺术总监李巍教授的悉心栽培是密不可分的。

(四) 促进音乐学科建设,完善声乐教学体系

该剧的排演对于同济大学音乐学科的建设和推进也有着重大的意义。都说没有歌剧排演实践的声乐专业建设和声乐人才培养是不完整的。歌剧作为一种大型的综合性舞台艺术,是培育声乐人才综合能力和素质的有效途径。通过尝试塑造歌剧中角色形象,培养学生的声乐技能、舞台表现力、共情能力、感知能力、协作能力和团队精神,使其在排演过程中充分了解歌剧的台前幕后,让学生在频繁的舞台实践中完成从学生到歌剧演员的身份转变,为毕业后进入专业文艺团体工作做好充分的准备。歌剧《江姐》还是歌剧史上一部具有里程碑意义的经典的民族歌剧。通过深入学习这部具有代表性的中国歌剧,能让学生深刻认识到中、西方歌剧在歌唱、演绎、音乐、形式上的差异,了解中国民族歌剧的特征,传承民族艺术文化经典。在提升专业能力的同时,也接受心灵和思想上的洗礼。此外,歌剧《江姐》在校内外巡演中所产生的广泛影响,也让更多的人了解到了同济大学的艺术教育水准和同济大学音乐表演专业,也为学校的美育教育添砖加瓦。

通过同济大学版歌剧《江姐》的实践探索,我们论证了以排演优秀的、经典的文艺作品(歌剧项目)带动专业学科发展,通过美育教育丰富多彩的形式和手段将思想政治教育贯穿专业育人全过程的可行性。创建了以经典的、红色的歌剧剧目为核心和载体连接起教学大纲中所有课程内容的声乐思政课程链,构建了一套"知识

与实践并重、德行与技艺并重、一专多能"的复合型声乐人才培养体系。做到课堂之中,立德树人,将德育教育、思政教育融入专业教育、艺术教育之中。厚植爱国情怀,传承红色精神;依托优秀的音乐艺术作品和鲜活的艺术形象,以文化人,以美育人。

大中小学一体化"工程美育博物馆"建设研究

——以上海理工大学"机械艺术博物馆"为例

孟轶　蔡锦达　史帅

【摘　要】 美育教育经历了学术研讨和教育实践,目前的教育思路已基本明确。学校美育应全面贯彻党的教育方针和"立德树人"根本任务。理工类大学立足"科学""工程"特色,探索"机械"与"美育"有机结合的形式,建立以美育与德育、教学与实践相结合,面向大、中、小学生受众的"工程美育平台",是美育教育提质增效的深化和拓展。本研究以上海理工大学"机械艺术博物馆"为案例,总结了"工程美育"场馆构建逻辑和展品设计思路,提出"工程美育"是"智育"与"德育"相结合的美育形态,建立高校"工程美育博物馆"支持中小学美育协同发展的机制,提高"工程美育"服务认知和审美,从而打造协同创新的上海美育高质量发展平台。

【关键词】 工程美育博物馆;学校美育;大中小学一体化;工程德育;机械艺术

【作　者】 孟轶,上海理工大学版艺学院副主任;蔡锦达,上海理工大学版艺学院院长;史帅,上海理工大学版艺学院宣传员

【基金项目】 本文为上海市教育科学研究一般项目：区域一体化视阈下长三角"大中小幼工程美育体系"构建研究(C2021339);"大中小学一体化"视角下理工科高校"工程美育博物馆"建设研究(C2-2020010)的课题研究成果。

习近平总书记在全国教育大会上指出,要全面加强和改进学校美育,坚持以美育人、以文化人,提高学生审美和人文素养。这一重要论述,将美育工作放在了培养社会主义建设者和接班人的重要位置。《关于全面加强和改进学校美育工作的意见》为新时代美育工作指明了方向,我国学校美育改革发展进入加速提质阶段。但美育仍然是教育工作的薄弱环节,是素质教育中亟待补齐的短板。[1]

学校是美育体系建设的重要环节。全面加强和改进学校美育,是提高学生审美和人文素养的关键。教育部《关于开展体育美育浸润行动计划的通知》指出,依托高校美育资源,建立高校支持中小学美育协同发展机制,以推进新时代学校美育高质量发展。

一、学校美育与高校博物馆美育

(一)美育的中国化研究

美育即审美教育,是培养学生认识美、爱好美和创造美的能力。学者对美育的中国化做了诸多探讨:王国维论述了美育在教育体系中的地位,建立起中国现代美育架构;蔡元培推动美育列入国民教育计划;陶行知、徐悲鸿将美育思想和美育教育作为社会救亡与民族解放的途径之一。综上所述,中国近现代美育兼有重视"人"的价值和社会价值,强调了美育的育人功能,与"立德树人"不谋而合。

(二)新时代学校美育的现状与要求

我国社会主义学校的美育是为建设社会主义精神文明和培养学生心灵美、行为美服务的。作为美育教育的承载单位,学校美育工作能塑造人格健全、道德高尚、全面发展的新时代青年,提升人文素养筑牢文化自信。国务院在《关于全面加强和改进学校美育工作的意见》中指出,要强化学校美育育人功能,构建科学的美育课程、改进美育教学,保证学校美育教育健康发展。

在全面贯彻党的教育方针,落实"立德树人"根本任务基础上,现阶段学校美育体系构建取得了一定的成果,学校美育和艺术教育在当今社会中的地位越发突出。

---

[1] 陈宝生:《以规划为统领推进教育科学繁荣发展》,载《教育研究》2019年版,第6—8页。

但在社会转型和深化教学改革的背景下,美育仍然是教育工作的薄弱环节,存在美育资源配置区域、城乡和校际差距大;师资短缺、资金不足;协同推进机制不畅通;公共美育低幼化等问题。①② 因此,重视和改进学校美育教育,要加强美育教育协同联动,创新美育评价机制。

(三) 高校美育博物馆建设

高等学校围绕知识传授形成的师资、课程等一系列组织机制易于构建多元主体联结的育人博物馆。③ 聚焦"中国特色社会主义教育博物馆"的创新和实践成为学术研究的热点。④

二、工程美育:科学+审美的美育教育

伴随新技术的更迭,基于课堂、书本的传统美育已经很难适应新时期学校美育的发展需求。习近平总书记在清华大学考察时指出,美术、艺术、科学、技术相辅相成、相互促进、相得益彰,为美育教育高质量发展提供了新思路。

上海理工大学立足"科学""工程"特色,将"机械"与"美育"有机结合,构建以美育与德育、教学与实践相结合,面向大、中、小学生受众的"工程美育博物馆",建立起以高校为主体,支持中、小学美育协同发展的艺术教育和工程美育的文化场域,将高校资源辐射和美育传导紧密结合,成为推动上海市学校艺术教育、美育教育和科技教育联动发展的创新模式。因此,探讨高校工程美育平台的构建逻辑,创新美育提质增效的方式方法,有助于推进新时代学校美育工作的高质量发展。

目前美育教育进入提质培优的发展阶段,美育教育的形式不断扩展延伸。学界尚未对"工程美育"的内容及教育形式作定义。基于上海理工大学运营"机械艺术博

---

① 朱琰:《国内博物馆公共教育活动困境分析与对策研究》,载《艺术百家》2018年版第5期,第99—102页。
② 朱立元:《论美育在"新工科"建设中的作用》,载《华南理工大学学报》(社会科学版)2018年版,第102—107页。
③ 王少媛:《改革开放以来我国高等教育博物馆结构研究成果评述》,载《现代教育管理》2018年版,第16—18页。
④ 任少波:《构建基于"知识共同体"的德育共同体——高等学校立德树人的二维耦合》,载《教育研究》2019年版,第44—50页。

物馆"的实践,可以将工程美育作如下解读:工程美育注重科学与审美的提升,是"美育"与"工程教育"跨界结合的教育形式。工程教育重视科学素养和工程素养,诠释"智育";美育注重审美体验,并与德育一体两面。因此,工程美育就是将学生科学素养和审美体验融会贯通,重视"智育"与"德育"同心同向,促进学生全面发展的美育形态。

三、美育案例——上海理工大学"机械艺术博物馆"

"机械艺术博物馆"是上海理工大学以理工科高校先进的技术和装置机械为基础,探索"机械"与"艺术"有机结合的形式,以"立德树人"为导向,结合先进文化进行展品设计,将"德育"与"美育"相融合的工程美育平台。上海理工大学师生团队聚焦工程美育博物馆的定位、受众体验、美育教学和实践、展品设计和服务模式,延伸了美育的深度和广度。大、中、小学参观者通过实地接触、实践互动,接受展品中

音乐+工程美育:可编曲机械打击乐装置

木艺+齿轮:手摇生肖"蛇"木艺演示

木艺+美育:手摇生肖"鼠"机械装置

成语+齿轮:机械运动可视化《同舟共济》

3D打印+齿轮:斐波那契数列"视觉暂停"

江南可采莲,莲叶何田田:"江南文化"古诗

传统文化+工程美育:三打白骨精皮影戏

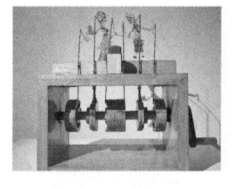

敦煌飞天+齿轮驱动:《飞天》机械装置

成语+齿轮:机械运动可视化鲤鱼跃龙门

装置艺术+焊接工艺+齿轮驱动:飞马

《三国演义》典故+磁吸原理"草船借箭"

工程美育博物馆一期建设

图1 机械艺术博物馆:传统美育+"工程美育"的范式

传递的"工程""科学""文化"理念,提高审美能力和科学涵养。机械艺术博物馆通过展品的更迭换代、外出布展等形式,盘活区域内的美育资源。

(一)"机械艺术博物馆"设计思路及逻辑传导

上海理工大学"机械艺术博物馆",不仅可以服务本校教学科研和校园文化建设,还为中、小学美育教育提供教学素材、课外实践和参观的场所,打造校际、区际美育资源共建共享,建立美育教育平台共同体。基于高校特色的"美育平台和场馆"作为学校文化和人才培养特色的展示,形成以高校为主体,支持中、小学美育协同发展的艺术教育和工程美育的文化场域。

1. 工程美育博物馆的定位

"机械艺术博物馆"依托理工科高校平台,凸显了工程美育博物馆工程德育,工程美育的特色。

2. 细化受众分层,服务不同年龄段的工程美育需求

大学、中学、小学美育教育的年龄差异、知识储备和认知差异决定了大、中、小学美育教育并非单一固定的模式,而是遵循学生不同阶段成长规律,根据受众知识结构和审美需求分层次研究受众特质,科学研制各学段美育培养目标,以受众需求进行工程美育博物馆展品设计、外观、装饰设计、开放模式、讲解模式和宣传方案。

表1 基于博物馆受众分层的工程美育教育

观众分层	低龄段观众	中学生观众	大学生观众
美育功能	培养兴趣、提高文化涵养	科学观念的诠释、审美教育	工程思维和审美素养提升
美育方式	参观、亲临体验		参观、志愿服务
博物馆美育优势	展品体验性强、可操作、提升文化涵养		提升审美素养、人文素养

3. "场馆美育"——凸显工程美育的趣味性

建构主义学习理论提倡将"情境创设"融入教学过程中。学校美育重视知识与技能的学习;美育平台则是通过参与式、建构式的互动,丰富学习对象的感官体验,

提升审美认知。"机械艺术博物馆"可以将两者的优势结合,通过开发大、中、小学生主动参与的工程美育博物馆的"第二课堂",推动工程美育场馆与学生实践活动对接,丰富工程艺术课程的教学形式和内容。

开放式的工程美育平台可以开展艺术与"工程美育"相结合的研学实践教育,开办场馆美育的现场教学与体验活动,寓教于乐,让美育展品"发言",直观可触摸的机械艺术展品,既提高了美育教学和实践的生动性和趣味性,又能促使缺乏抽象思维的参观者更好的感受作品背后的工程运作机制,综合提升大、中、小学学生审美素养和科学素养。

表2 工程美育博物馆:学校美育和美育平台的融通互补

美　　育	学校美育	工程美育博物馆
教育形态	系统化、课程化的知识技能学习	学生通过参与、互动、建构的方法丰富学习体验,改变、提升对美的认知
传授方式	说教、灌输、解释为主的知识技能传授	参与、发现、表达和交流的情境体验和实践
优势结合	工程美育平台与学生实践活动对接,丰富工程美育课程的教学形式和内容,形成良性互动的"美育平台＋大中小学"机制	

4. 培根铸魂:德育与美育相结合的展品设计

高校工程美育博物馆的展品设计应根植于社会主义先进文化,进行创造性转化和创新性发展,挖掘本地区历史文化内涵,结合先进文化的故事或形象融入展品设计,体现当代美育教育的价值取向。

上海理工大学"机械艺术博物馆"围绕立德树人根本任务,强化审美和人文素养,弘扬中华美育精神。一期建设将"机械"与"艺术"有机结合,融入了"十二生肖""敦煌飞天""草船借箭""鲤鱼跃龙门""凿壁借光"等中国传统文化元素,运用链条、齿轮、连杆机构等机械制造原理使得静态的中华优秀传统故事"活起来",动起来,在美育中凸显中华文化。

(二)工程美育实践与理论并行发展

依托"第二课堂""美育研学游"等活动,机械艺术博物馆现已接待上海理工大学教育集团大、中、小学生超过1000人次的参观,受到参观师生的一致好评。其展品也以丰富的文化内涵和精美的机械艺术设计,获国家级、上海市级的策展邀请。其中《十二生肖》系列作品入选"第二届全国动漫美术作品展(2021年)"和"上海设计之都十周年作品展(2020年)"。

"机械艺术博物馆"的设计、布展团队组建课题组,基于"机械艺术博物馆"美育平台的实践开展工程美育理论研究,2020年以来立项"上海市教育科学研究一般项目"两项:区域一体化视阈下长三角"大中小幼工程美育体系"构建研究(C2021339);"大中小学一体化"视角下理工科高校"工程美育博物馆"建设研究(C2-2020010),使工程美育实践与理论并行发展。

图2 工程美育展品让中小学生可观可感可触摸

四、目标导向:"工程美育博物馆"的服务与转化模式

(一)打造可复制、可推广的"工程美育品牌"

以"美育水平"提升为目标进行"工程美育博物馆"建设,建立高校支持中小学美育协同发展机制,发挥大学美育资源的辐射和溢出效应,形成多个美育品牌特色发展格局,提升大、中、小学生审美水平、科学素养、人文素养水平。

(二)探索美育教育"校区、社区、园区"联动发展

上海理工大学"工程美育博物馆"为社区、科技园区提供工程美育、工程德育的

实践基地,美育教育走出校园服务社会;科技园区为博物馆展品提供文创产品孵化基地,促进工程美育教育的推广和普及。

五、平台美育:充分发挥大学美育资源的辐射和溢出效应

上海理工大学"机械艺术博物馆"作为兼顾美育教育和文化属性的高校平台,打造美育高质量供给体系,优化美育内容和空间供给结构,以受众的年龄和认知差异为先导,形成良性互动的"美育平台+大中小学"互动协同机制,充分发挥了大学美育资源的辐射作用和溢出效应。基于受众审美需求和当代美育教育的价值取向进行展品设计,实现美育与德育结合,引导学生树立正确的审美观,增进科学素养。立足理工科高校"科学""工程"特色,探索"机械"与"美育"有机结合的形式,构建新时期理工科高校工程美育文化创造的场域,促进新时代美育高质量发展。

新海派美育课程体系的探索和实践

——以上海大学上海美术学院为例

程雪松　达天予

【摘　要】 作为上海大学美育教育的前沿阵地,近年来,上海美术学院的美育工作坚持为人民、为艺术、为生活、为城市,以"深美中国"的理念,结合时代发展对青年学生的要求,以课堂教育为主阵地,通过德育美育融合、专业课程多元设置、面向社会的实践美育、美育课程改革创新等方式,努力探索一条以新海派美育精神塑造当代大学生美好心灵、创作美丽作品的创新实践道路。

【关键词】 新海派;美育;课程体系;以美育人;艺术教育

【作　者】 程雪松,上海大学上海美术学院教授,博士生导师;达天予,上海大学上海美术学院2022级设计学硕士研究生

为贯彻落实习近平总书记"做好美育工作,要坚持立德树人,扎根时代生活,遵循美育特点,弘扬中华美育精神,让祖国青年一代身心都健康成长"[①]的讲话精神,以中共中央办公厅、国务院办公厅《关于全面加强和改进新时代学校美育工作的意见》为指导,上海美术学院在上海大学党委的领导下,聚焦"立德树人"根本任务,传承发扬钱伟长教育思想,建设与上海城市相匹配的一流美术学院,赓续海派艺术文

---

① 《习近平给中央美术学院老教授回信》,载《人民日报》,2018年8月30日。

脉,彰显"新海派"姿态,即"百年来上海这座城市所凝聚的文化气质和城市软实力以及其中的创新精神"①,谱写上美新篇章,培养全面发展的卓越创新人才。通过德育美育融合、课程多元设置、实践美育面向社会、美育教学改革创新等方式,落实"以美育人、以文化人",以大美之心育莘莘学子。

一、坚持将美育融入党课、思政课,在把握美育方向中筑牢当代大学生爱党爱国的大德

"美感所具有渗透、体现阶级意识、阶级本质的属性,是阶级社会中人的美感的一种特性。"②大学美育必须坚持鲜明的社会主义方向,培养未来建设者是党和国家发展高等教育的切实需要和重要任务。新时代的美育与思政教育在"立德树人"目标上具有高度一致性,将美育理念融入思政教育,更有助于培养学生成为富有创造力的、拥有完善人格的新时代青年。上海美术学院被授予首批"课程思政领航学院",美术学专业入选"上海高校课程思政教学指南"编制立项,"走进百姓生活——黄河流域写生实践"等课程入选"思政领航课程"。

(一)以思政课程促进"四史"学习

学校开设了"思想道德修养与法律基础""马克思主义基本原理概论""毛泽东思想和中国特色社会主义理论体系概论"等思政大课。为培养学生将个人专业与国家需要相联系的意识,学校还开设"形势与政策"暑期实践课程,让学生针对同专业相关的社会问题开展调查,并进行研究讨论。大一的"毛泽东思想和中国特色社会主义理论体系概论"课程,教师将各学院学生分组,各自挑选一段中国近代发展史进行小组学习并公开演讲,题目围绕如何在学习中将个人梦想同中国梦相连;在"形势与政策"实践课程中,教师组织学生实地考察探究新时代人们幸福感的来源;第一学期的"思想道德与法律修养"课程由美院教师执教,组织学生观看院长纪录片,体会老一辈画家求学路程的艰辛,观看科技发展纪实片,感受科技与艺术相融

---

① 曾成钢:《新海派将持续呈现文化影响力和艺术创造力》,在"风自海上——庆祝中国共产党成立100周年作品展"上的发言,2021年6月26日。
② 邱明正、朱立元:《美学小辞典》(增订本),上海辞书出版社2007年版。

的美,最后要求学生用各自专业语言描绘出改革开放 40 年前后祖国的变化并在课程最后进行交流。通过这些课程的学习与实践,学生更加丰富、立体地学习了中共党史、新中国史、改革开放史和社会主义发展史,筑牢了明理、增信、崇德、力行的思想基础。

(二)将校内外红色资源融入美院的海派文化血脉

上海是中国共产党的发源地,具有丰富红色教育资源与珍贵的红色印记,而上海大学曾是中国共产党直接培养革命人才的高校,借助于校内外的红色教育资源,开展教育实践活动,已成为上海美术学院美育教育的重要组成部分。学院组织学生参观上海红色教育基地,如"中共一大、二大、四大会址",让学生在感受理想信念之美、理论知识之美的同时体验新时代展陈的科技之美,让学生在弄堂街巷中重温中国共产党的发展之路。其展览中有诸多科技化的互动装置,如将中国共产党第二次全国代表大会的成就列在墙上,观者触碰墙边的按钮就能依次点亮,学生们看着光彩夺目的墙面自豪感油然而生;在橱窗内展示各个版本的党章,观者可通过透明显示屏翻阅或点击查看党章,各个年龄段的共产党员都能够回忆起入党时的誓言。这些装置从不同侧面将建党伟业展现出来,成为在地的会展思政课。尤其是"中共一大会址纪念馆"开幕,学院很多教师深度参与馆内重要展项和艺术作品设计制作工作,学生参观之后不仅被作品的艺术感染力所打动,更被教师们的工匠精神所折服。这种真切的体验既是美育熏陶,又是独特、真切的思政教育。

图 1　学生党员参观中共二大会址　郎郭彬　拍摄

学院还借助于校内资源,使学生不忘"先天下之忧而忧,后天下之乐而乐"的校训精神。比如,带领学生参观露天校史馆——溯园,让学生回顾老一辈上大人的使命初心;组织学生进入钱伟长图书馆观看"民族复兴的百年旗帜——中国历史研究院征集海外中共珍稀文献展",使学生了解中国共产党艰辛的革命历程。

图 2　学生党员参观"民族复兴的百年旗帜展"与溯园　王菲菲　提供

(三)党团建设引领美育工作

爱党爱国既是大学生的精神高地,也是大学生的人格底基。开展党团建设是大学生美育的重要内容。"新时代中国特色现代化美育体系建设只有根植、融入、铺陈到日常生活中,才能真正焕发美育的时代价值。"①

1. 在学生入党的过程中,学校通过各类实践活动夯实"以文化人、以美育人"的育人宗旨。例如,整理上海大学图书馆的图书,让学生充分体验秩序之美与宁静之美;通过观看纪录片《信仰——只要主义真》,共同体会信仰之美;学生相互讨论感想,增强朋辈间的相互激励,在心中埋下信仰的种子。经历过党课培训的学生更愿意主动担任学生干部角色,爱国爱党情怀让他们更有担当,更愿意为他人服务。

2. 学院广泛开展团活动,注重对团干部能力培养,增强集体凝聚力。学校要求团支书带领各班按时进行主题团日活动。团委、学生会坚持以"凝心聚力,与美同

---

① 李瑞奇:《新中国成立 70 年来美育在教育政策中的嬗变研究》,载《湖北社会科学》2019 年第 5 期,第 155—161 页。

图 3　上美生活绘现场　"青春上美"　提供

行"为己任,比如通过一年一度的"上美生活绘"表彰各个岗位上表现出色的师生,设有教师奖项"灵魂机械师""春风化雨"等,学生奖项"小太阳""才艺双馨""凝聚之力"等,被称为"上美版感动中国"。这项活动体现了上海美术学院致力于培养"德艺双馨、思行并重、技道兼修、传创同构、文质共美、全面发展"的人才。2021年还推出了"百年奋斗,上美传承"红色专项展示,鼓励更多的学子"传承红色基因,践行初心使命"。

党团建设增加了学生的集体荣誉感与使命感,也实现了美育的最终目标:"使人的情感得到陶冶,思想得到净化,品格得到完善,从而使身心得到和谐发展,精神境界得到升华,自身得到美化。"[1]

二、坚持专业课程的多元设置,加强横向联合,在拓宽美学视野中塑造当代大学生的知识结构

学院关注本科教学,重视教育新基建的投入,近年来共获批美术学、环境设计、

---

[1]　汪风易:《融美育于大学生党课教育之中》,《前沿》2013年版,第 195—197 页。

雕塑、视觉传达设计等7个国家级一流本科专业建设点,中国画、数字媒体艺术等3个上海市一流本科专业建设点。"建筑装饰施工工艺""写生(1)""商业空间设计B""建筑装饰施工工艺"3门课程入选上海市一流课程,《VI设计教程》《中外设计史》两本教材入选上海市精品教材。为丰富学生知识储备,增强学生理论素养,开拓设计视野,学院还开设了多元艺术教育课程。以环境设计专业为例,所学课程除了制图类、空间设计类、展示技术类等以外,还有艺术史、设计史、建筑史、手工艺等。

(一)通识课和任意选修课等拓展学生的审美体验

学校不断开发课程资源,确保每位本科生修读一门以上美育课程,同时"明确了不同学生的分层能力培养目标,因材施教,精准施策,聚焦基础—综合—创造三个层次,稳步推进公共美育课程体系建设。"[①]

由美院教师胡建君开设的"苏轼与中国文人画"通识课程,以师生互动的形式带领学生了解文人雅集、诗词唱和等,使学生将人文情怀融入日常生活与设计创作中,培养学生的人文素养与综合素质。学院除通识课程、专业课程以外,设立任意选修课,让学生能够根据自身兴趣,在学院内跨专业地进行艺术学习,例如,玻璃工艺、陶瓷艺术、人物、山水、花鸟临摹等课程,让学生全方位拓展自己的审美体验;学院还通过开设"上美讲堂"、名师讲座等方式让学生多渠道的接受美育熏陶。

(二)学科基础课程以问题探究的方式培养学生审美思辨的能力

比如"建筑原理"课程,教师带领学生深入上海老街区进行实地勘测,了解居民生活,充分调研环境后选择合适的对象进行改造。首先让学生自主发现问题,再通过案例学习与知识补充分析问题,最后用设计的手段解决问题。学生认识到各种形式的旧建筑都是城市生活的基本物质条件和生活背景,人们又因为使用而赋予建筑新的价值和意义。每一种空间形式背后都有人的生活

---

① 上海大学教务部:《落实立德树人根本任务,不断完善美育教育体系》,《上海大学2020年度艺术教育报告》2021年2月。

方式和习俗观念,这样就避免肤浅地看待形式问题,学会从不同方位立体思考空间的美学。在课程中教师组织学生学习测绘,分组制作模型。学生带着任务去研究结构、材料和空间,更容易发现知识盲区,进而进行文献检索和求助发问。

(三)专业课程通过对造物形式、材料、构造等的研究探索,拓展学生对美的感知

比如,"家具设计"课程从研究废旧材料入手,继而表现特殊材质肌理、临摹经典椅子造型、描绘构造节点大样,一直到绘制设计图,制作实物,并以展览和表演的形式呈现个人作品。课程前期教师引导学生观察身边材料,在表现材料的同时思考材料本身的可能性;接着观摩大师作品,并进行临摹测绘,使学生体悟家具之美;然后研究各个时期作品的连接工艺,将课程从感性层面带入到理性层面。前期知识铺垫后,教师带领学生前往其他高校家具实验室和工厂参观,他山之石,可以攻玉。在实物制作过程中,教师与学生充分讨论"椅子"的可落地性、观赏性与可移动性,同时邀请家具制造厂的师傅与教研室其他教师共同评分,通过多维度的反馈和解析,让学生切实了解自己作品的长处与短板。这一过程让学生发现工艺之美,为未来其他专业课学习夯实基础。

三、坚持把面向社会、服务社会作为美育实践的重要指向,在课程实践、社会实践、毕业实践等多种实践途径中提高当代大学生创造美的能力

学院高举新海派旗帜,为上海城市建设和海派文化发展培养人才,4年间学院提供了多种平台让学生学以致用。比如,学院名誉院长冯远带领学院师生创作《二〇二〇中国抗疫》的相关成果被《光明日报》《文汇报》等报道;学院展开"非遗跨界创新 助力精准扶贫行动",集结各方创意资源助力非遗扶贫,进行非遗传承与创新;学院聚焦世博会等国家战略性事件组织师生进行国家形象设计;动员师生参与地铁站点设计等民生建设等。这一系列举措引导学生关切社会民生,同时不断提升美育科研能力。

（一）依托专业课程，借助社会资源，开展环境美育实践

近三年来专业课"商业空间设计"任课教师程雪松组织学生实地深入老城厢豫园，与使用者面对面，改造小型商业空间。各专业学生从不同角度进行设计，研究如何守护城市传统文化，提升空间整体品质。

图4　课程讲座　达天予　拍摄

课程中教师还邀请商业运营团队给学生介绍豫园老字号内涵，还邀请沪上知名设计师进行专题讲座。学生因而理解了既要考虑美学和人文关怀，又要统筹技术要素。在课程中学生直接面对社会，解决实际问题。学院多次携手豫园等海上文商机构为学生搭建设计平台，促进"产学、产教、产城"融合，强化美育浸润。

（二）结合公共艺术和城市展览等社会实践活动开展美育浸润

2018年教师带领学生将课程设计作品因地制宜地带入虹口区广中路街道何家宅小区，充分倾听民意，培养学生感知生活、挖掘日常之美的能力。学生课程设计作品《看得见的声音》使用PVC水管搭建出可变的大型装置，兼具公共性、实用性和环保性。在介入社区之后，根据社区实际情况调整作品尺度，加入"小广告"元

素,在各色便签上写上居民诉求,增加社区温度和邻里黏度。社区作为媒介,让学生和普通百姓交流生活体验,学生将所学知识技能运用到感知和传递"真善美"的设计活动中去。"这是向生活学习,投身社会的积极姿态,也给艺术创作和实践带来蓬勃的生气。"①

又如,2019年底学生将"家具设计"作品借助"城市空间艺术季"的平台在静安区彭越浦河畔展出,16件作品放在圆形花盘上,取名"绽放彭越浦"。艺术装置呼吁居民保护生态,改善滨水环境。在展览中"学生们深入基层、社区,从为人民进行创作,到与群众一起进行创作,这样不仅可以提升素养,培养多方面能力,也有助于树立健全人格,丰富个人学养"。②

(三) 通过毕业设计等产教融合综合实践课程进行美育成果的完整表达

2021年的毕业设计中,笔者通过6个月的教学,指导毕设小组完成了"上海国拍大楼改造设计"。期间学生数次探访国拍大楼,与上海国际商品拍卖有限公司的管理者进行深入沟通,倾听业主的声音。学生从不同角度思考空间需求,在此过程中研究社会发展、城市定位,研究未来消费者的内在需求,创造出既符合外滩地区文化气质,又引领消费风尚的艺术空间。

学生们通过对黄浦区艺术、拍卖、零售、休闲娱乐及一些新业态空间进行综合性研究,在更宽广的视野下完成了升级改造方案。同时感受到企业的责任和公众对当代艺术的渴望。学生们不仅提高了设计技能,更领会到"人民城市人民建,人民城市为人民"的深刻内涵。深入调研社会需求后在心中埋下"深美中国"的种子。习近平总书记说"以人民为中心,就是要把满足人民精神文化需求作为文艺和文艺工作的出发点和落脚点,把人民作为文艺表现的主体,把人民作为文艺审美的鉴赏家和评判者,把为人民服务作为文艺工作者的天职"。③

---

① 程雪松、费陈丞:《把课堂搬进社区:以上海美术学院艺术设计教学为例》,载《公共艺术》2020年第1期,第82—89页。
② 程雪松、费陈丞:《把课堂搬进社区:以上海美术学院艺术设计教学为例》,载《公共艺术》,2020年第1期第82—89页。
③ 《习近平在文艺工作座谈会上的讲话》,《山西日报》,2015年10月15日。

四、坚持美育课程改革创新,在加强美学思维训练中提升当代大学生的审美意趣

教师通过课程创新,让学生在美育教育中感受时代的变迁和文化的陶冶。近年来"公共美育教育体系的探索与实践"和"基于'上美讲堂'与'在地留学'的高端美术教育内容与模式创新研究"等项目获得上海市本科重点教改项目立项,《新海派美术教育模式探索》与《深化艺教协同,拓展多维融合,建设综合性大学一流环境设计专业》等三项成果入选国家级新文科改革项目。学院金江波教授当选为教育部美育教指委委员,并出席"向美而行、同创未来"外滩美育论坛高校美育专场活动。

(一)在课程中设置相关模块训练学生进行跨媒介审美认知和实践的能力

例如,大一的"立体构成"课程过去只是绘制一些点线面的构成,而现在教师何盛要求学生进行通感训练,从音乐出发(听觉抽象)形成平面剪贴(二维抽象),进而化为立体作品(三维抽象),最后形成身体装置,这就把抽象的美和生活中现实的美关联起来。面对这样的课题,学生们刚开始无从下手。教师指导学生先要在听觉和视觉之间搭建桥梁;接着在脑海里形成画面意象;再将意象落实为可看、可触摸的形式。在经历多次失败、反复之后,学生们脑力和体力被激活。"从美育作为通识教育的总体性上说,如何在有限的课程、时间和学分系统中让学生接触更多的艺术和更广泛的审美问题,也许比媒介特定化更为迫切。"[①]从课程结果来看,跨媒介的美育教育给学生留下了深刻的记忆。该课程强调跨媒介的设计思维方法和设计表达的重要性。"在教学方法上更注重问题导入,以解决问题为目标的各种可能性的探讨。在教学流程上更注重产品的标准化流程和控制,形成'讲解—体验—制作—引导—深化—成果展'的教学流程。"[②]作为

---

① 周宪:《知行张力、多媒介性与感同体验——当前大学美育的三个问题》,载《美育学刊》2019年第10卷05期,第1—10页。
② 何盛:《关于"产品化教学"的思考》,载《南京艺术学院学报(美术与设计)》2018年第5期,第156—159页。

经历过艺考只会画石膏像的大一新生,该课程带领大家在心灵沙漠中寻找到一汪美的清泉。

(二)课程设计中注意场景塑造、故事演绎以及情感体验

在"空间与模型"课程中,教师何盛等带领学生探讨人与空间的情感关系,通过小型空间作业进入真实空间探索,逐步完成空间美学观的建构。课程从调研熟悉空间入手,让学生在同一空间、不同光线下感受人的情绪变化,以及不同尺度、层高中人的不同感受。教师要求学生在一个由雪弗板拼装而成的 50×50×50 厘米的盒子中探讨线、面、体的关系,以达到训练空间想象力的目的。最终作业是在学院寻找一处空间、搭建一个可让人进入并产生情感体验的立体装置。比如,学生作品《借过》在狭窄走道中搭建出折线空间,宽度从支持双人行走,到需要侧身通过,探索人群在通过时会产生何种情感链接;学生作品《空·间》使用不同长度的PVC水管搭建出四组高矮不同的空间,观察并记录不同高矮的人在其中相遇时的表现。该课程通过创新设计激发了学生的学习热情,分段式教学让教师及时收到学生反馈;学生在独立解决问题的同时可以获得教师的有力支撑;沉浸式的课程体验让学生对空间美学产生浓厚兴趣。教师表示"高标准+肯定+指引方向+支持,会帮助学生认识到自己的

图5 《借过》 达天予 拍摄

图6 《空·间》 张金渠 拍摄

潜能"。①

（三）通过写生课程让学生感受自然和谐之美

学院每个专业都有至少两次外出写生课程安排，给学生向自然学习的机会，感受天、地、人的和谐之美。指导教师全程与学生同吃同住，共同体验当地的文化并进行近距离沟通。学院曾组织学生前往敦煌，在莫高窟感受岩彩的瑰丽，飞天的壮美；去鸣沙山感受大自然的鬼斧神工；去月牙泉体验大巧若拙的工匠营造。学生带着任务和问题去观察世界，更能激发出创作的灵感。教师启发式的教学引导学生思考，为高年级的专业课程和毕业设计做好铺垫。学生通过教师引导在内心建构美的意涵，完成作品后通过"院长作业"进行展示，意在鼓励学生跳出自我舒适区，大胆创新，以审美体验创作出美好作品。

学院不断创新课程教学内容，尝试引导学生从不同角度感知美，拥有更敏锐的审美眼光、更微妙的审美意趣，塑造学生美丽的心灵，以优雅的姿态去面对生活的磨砺和未知的苦难。还采取多种展览形式呈现教学过程和教学成果，如"教学案例展""优秀成果展""院长作业展""毕业设计展"等，展期撑满学期，以展促教、以展促学，师生得以反复检验教学中的得失。

五、结语

2021年的"七一"是建党百年大庆，回望初心，高等教育的工作重心不能偏离为党育人、为国育才。习近平总书记在清华美院调研时强调："广大青年要肩负历史使命，坚定前进信心，立大志、明大德、成大才、担大任，努力成为堪当民族复兴重任的时代新人，让青春在为祖国、为民族、为人民、为人类的不懈奋斗中绽放绚丽之花。"②今天的上海美术学院，站在新的历史起点，将以习近平总书记对广大青年的殷切嘱托为指引，以立德树人为己任，让他们能够为国家、为社会、为人民创造美，

---

① 何盛：《关于"产品化教学"的思考》，载《南京艺术学院学报（美术与设计）》2018年第5期，第156—159页。
② 《习近平在清华大学考察时强调——坚持中国特色世界一流大学建设目标方向 为服务国家富强民族复兴人民幸福贡献力量》，《中国新闻》，2021年4月20日。

同时实现自己的美好人生。新时代的大学美育，必须坚持鲜明的政治导向，符合社会发展的需求，契合当代青年的心理特点。本文简短回溯上海美术学院近些年在大学美育方面的实践与探索，旨在以管窥豹，让更多的高等教育教师和管理者共同认知并不断开拓一个有待进一步拓展的空间。美育将学生从仅仅"拥有绘画能力"的艺术生，培养成为拥有美好生命底色、具有专业知识储备、能够创作富有美感作品、始终回应时代呼唤并不断创造美好生活的实践者，是为宗旨，亦是路径。

混合式教学在高校公共艺术教学中的实践

——以"书画装裱工艺"为例

何　爽

> 【摘　要】　本文以教育现代化发展为契机,在书画装裱工艺的教学实践中构建传统课堂与网络教学平台相融合的线上线下混合式教学模式,拓宽教学的时间和空间,摆脱传统形式上的说教性、强迫感或灌输感,增加学生审美体验和艺术实践的机会,培养深入思考和守正创新能力,提升学生的美学修养,涵养中华美学的审美观和价值观。
>
> 【关键词】　混合式教学;公共艺术教学;超星学习通;实践
>
> 【作　者】　何爽,上海立信会计金融学院副教授

随着现代教育信息化水平的高速发展,数字智能技术与教育类平台的融合,冲击着传统的教育方式,教育信息化从信息共享的1.0时代,迈进以学生为本、促进学生全面发展的2.0阶段。早在2018年4月,国家教育部就发布《教育信息化2.0行动计划》,提出教育现代化发展,以信息化引领构建以学习者为中心的全新教育生态,实现"三全两高一大"的发展目标,①在宏观层面为高校混合式教学模式的普

---

① 中华人民共和国教育部:《教育信息化2.0行动计划》,2018年4月13日。

及和应用指明了方向。

古书画装裱技艺是我国独特的民族艺术,作为非物质文化遗产在中华文化中具有重要的地位,对繁荣中国传统文化、保护古书画都起到很大的作用。"书画装裱工艺"作为高校艺术审美类中的公共选修课程,充分结合当前教育信息化发展的要求,采用线上平台和线下"面对面教学"的混合式教学方式,全方位整合各类教学资源,探究提高教学时效的路径,在汲取传统教学方式优势的基础上,尝试以新的理念推动高校公共艺术类课程的教学改革与实践。

一、"书画装裱工艺"课程教学现状分析

"书画装裱工艺"2学分32课时,面对全校学生选修,无预修课程,第2—8学期内滚动开设。该课的主旨是通过对中华传统书画装裱工艺的讲解,使学生了解中华传统优秀文化——中华古装裱文化的内涵,充分体验古书画装裱技艺的艺术魅力,提升书画作品的鉴赏能力,培养学生文化认同感,激发对中华优秀传统文化的热爱,树立对民族文化的自豪感与自信心。

课程性质为理论与实践相结合,其中理论知识16课时,实践操作16课时。理论知识部分,主要讲授古书画装裱艺术的美学特征、历史脉络、品式风格、技艺特性、艺术审美、文化价值等内容,深入解读传统文化中蕴含的"中和之美、礼乐教化"以及"天人合一"的美学精神、哲学意识和审美情操;实践课程部分,采取教师先示范、一对一指导,学生独立完成一幅立轴式或横轴式书画作品的方式,目标是使学生掌握传统书画装裱工艺的全部过程,重点培养学生的审美能力、艺术表现力、实践创造力,激发学习兴趣,提高教学实效。

（一）传统教学的优势

1. 面对面教学,临场感强

传统课堂以集体学习为主,教学大纲、课程进度统一安排,采用面对面式指导教学,教师把握课堂,通过教师的语言、语调、表情、眼神、手势等形态,增强课程的吸引力,学生的临场感强,师生归属感强。

2. "一对一"示范指导

传统课堂发挥教师主导作用,实践教学采用"一对一"的示范指导,根据学生的自身特点,引导学生动手实践操作,体验书画装裱是一门十分严谨的艺术创作课程,是对书画的"深加工",感受工匠精神。

3. 凸显团队合作

本课程的手工装裱作品需要合作完成,尤其是在上墙、覆背等环节需要同伴齐心协力,这有利于师生之间、生生之间的情感交流,团队协同作业,培养学生互助互学、鼓励倾听、积极回应、相互尊重的品质,营造良好的学习氛围。

(二)传统教学的问题

1. 固定的时间空间,学时数的矛盾

传统的教学限定在课堂上、教室中进行,32课时既要讲理论知识,又要进行实践训练,教师无法带学生走出去观摩,也无法开展"装裱大师进课堂"活动,教学内容无法拓宽。学生对装裱中的丝绢等材质认知不足,对绢绫的选料、染色、托背以及宋式装裱工艺只能言说而无法实地实践,很难做到循序渐进,对学生创新思维能力的培养有限。

2. 学生依赖课堂,解决问题的能力弱

学生因较有兴趣才选修本课程,学生的主观意向较高,课程的认知度也较高,但传统教学模式根深蒂固,解决问题的能力较弱,课下查阅资料文献的意愿不足,相比必修课学习自觉性和主动性较差,"功利性"学习心态普遍存在,仅依赖课上完成作业,将课余时间较多的用在专业课、必修课程的学习上。

3. 个性化展示弱,学习资源单一

传统的理论教学,以集体学习为主,个别辅导为辅,课堂45分钟很难实现每位同学都参与讨论、发表自己的独特见解,学生对课堂的提问和互动也缺乏主动性;学习资源限于纸质的教材和资源,学生知识结构单一、眼界不宽。

二、混合式教学模式的内涵

混合式教学模式,融合了传统课堂资源、数字网络资源、区域社会资源的多元化、互动式的教学模式,把线上、线下的优势结合起来,教师在教学中起到引导、启发、监控的作用,充分激发学生的参与意识和学习热情,促使学生主动学习、深入学习、个性化学习。

混合式教学在科技发达的互联网时代,改变了依赖课堂教学的传统模式,优化课上、课下时间的分配,拓宽了学生自主学习的时间和空间,激发学生主体意识和学习兴趣;使师生互动交流更加通畅,学生自主地增加学习时间,教学质量提高;教师的角色得以重构,由传统的主导者转化为指导者,教师在课堂答疑解惑、指导项目训练;课程资源得到常态化建设,内容更加翔实;数字文化资源的智能介入,使学习内容涵盖更广,知识面更宽,有利于学生获取最大的学习效益。

三、"书画装裱工艺"课程混合式教学模式的构建

混合式教学应以产出为导向,在多元互动、深度融合的学习环境中达成最终目标。"书画装裱工艺"课程组以学生为中心,采用"理论＋实践、线上＋线下、校内＋校外"的多元化、多维度混合式教学方法,立足学校,以区域资源为依托,根植于中华优秀传统文化的深厚土壤,通过线上学习古书画装裱的理论知识、线下动手装裱书画作品、观摩优秀书画艺术作品、非遗大师进课堂等活动,激发学生的内驱力,引领学生树立正确的文化观和审美观,形成健康的审美情趣和审美观念,最终达到认识中国传统文化、哲学思想、人文精神的目的,提升学生的综合素质。

本课程具有较强的实践性,每位学生要独立完成一幅书法、绘画作品的装裱,考验学生的动手能力,手眼的协调力,考虑到学生来自各个专业,教学采用"以线下课堂教学为主、线上在线教学为辅"的混合式教学模式,充分利用超星学习通在线平台进行教学设计,通过线上的自学、测试、讨论等知识传授到线下的答疑、个性化指导、能力培养,最终达成学习目标。

学生通过在学习通 SPOC 平台(手机＋电脑网络端)在线学习,对课程有大致的认知,带着问题进入课堂,教师再通过设计问题情境、分组讨论、案例分析、任务驱动等教学组织形式的有机结合,实现"三屏"——手机屏、电脑屏、课堂屏幕——的互联互通,加强课上讨论、互动、实践,帮助学生有效、高效达成个性化的学习目标,完成个性化装裱艺术作品。

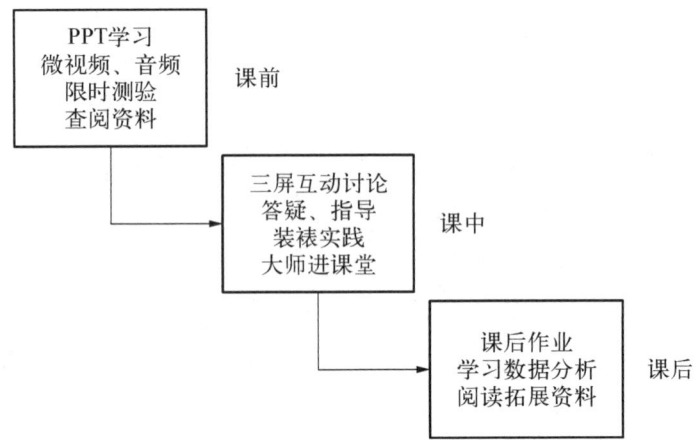

图 1 "书画装裱工艺"课程混合式教学过程

(一) 课前阶段——分解知识点、翔实完备

混合式教学基于内容丰富、翔实完备的教学资源。"书画装裱工艺"课自 2013 年开设以来,课程团队精心策划、认真完善课程资源;2014 年,课程网站建设基本完成;2016 年评为校级重点课程;2018 年评为校级"课程思政教学改革"试点课程,其中撰写的 2 篇教学案例被评为校级优秀案例;2020 年立项为校级混合式金课,在学习通平台开展在线课程的建设。目前,课程总资源超过 200 条,包括课程大纲、授课计划、学习指南、微课教学视频、课件、电子教案、作业库、试题题库、课堂活动库、讨论话题等内容,并提供参考书、拓展资料、国内行业专家讲座等资源,这些网络教学资源的完备,保障了课程高质量完成的实现。

(二) 线上自学阶段——任务导向、个性化学习

学生提前进入学习通平台,通过微课短视频学习、PPT 课件、限时测验、云盘资料拓展等环节提前预习知识点,并利用设计的"闯关小测试"来验证自学的成效。学生在信息化教学平台在线学习的进度、次数、参与讨论、完成作业情况等信息,都被后台大数据完整记录下来,教师可以很好地把握学生个性化学习的情况,适时给予引导和督学,还可以在班级群、师生群中实时沟通,实现共通性答疑和个性化指导。在线学习平台的优势是学生的学习时间不再局限于传统课堂,可以充分利用课外时间根据

自己的知识基础、学习习惯和时间自主学习,提高时间的管理能力。①

(三)课堂教学阶段——深度学习、重实践强能力

课堂阶段是混合式教学的实战部分,也是知识深化的过程。经过线上的自学阶段,学生对课程的知识点有了一定的认知,课堂教学则是深度领会学习和项目化探究实践阶段。"书画装裱工艺"的课堂教学,采取课堂的讲授重点、翻转课堂引领讨论;学生展示、检验自学效果;项目化实训、团队协作、辅导、考试等方面,提高学生沟通、交流、表达、协作的能力。

在讨论环节中,教师把学生分成若干小组,针对每一个重点环节进行分组讨论、探究、思考,绘制思维导图,归纳结论,并现场小组汇报,教师最后进行分析、总结。通过由表及里、从浅入深、层层深入地组织学生课堂活动,检验学生学习成果,讲解重点和难点,答疑解惑,考察学生自学能力、信息获取和选择能力,更重要的是引导学生养成探究、思考的习惯,拥有构建完整知识体系的能力。

例如,以时事案例为引子,组织学生进行讨论,结合线上自学,对书画装裱有初步认知;课前观摩纪录片《我在故宫修文物——书画的修复、临摹和摹印》,课上组织学生开展案例实践讨论,说出自己对装裱实训的切身体验;开展"装裱大师进课堂"活动,邀请上海博物馆古书画装裱修复专家走进课堂,使学生近距离感受装裱大师的魅力,感受装裱修复大师们去功利化的精神及"天下大事,必作于细"的卓越工匠精神和创新精神;以明代周嘉胄的《装潢志》、明代美学家李渔《闲情偶寄》、清代文人周二学《赏延素心录》等经典著作为引领,讨论中华传统文化的美学思想,感受书画装裱中蕴涵的技艺之美、艺术之美、生活之美、生态之美,深入解读传统文化中蕴含的"中和之美、礼乐教化、天人合一"的人文精神,涵养中华美学的审美观和价值观。

在实践环节中,采取项目化教学方式,通过 16 个课时的亲身体验,教师手把手的传授,"托心—方心—下料—镶活—齐边—包边—折叠串口—腹背—下墙—砑光—上杆—栓条与系带"的整个装裱过程,以任务制、项目制为手段,强化学生实务

---

① 马明海等:《基于翻转课堂的科技论文写作课程改革与实证》,载《高教学刊》2020 年第 7 期。

能力,在反复实验中考察学生的理解力、应用制作能力、团队协作能力和创新创造能力。在最后一周的教学中专门策划作品展示、汇报环节,保证教学质量的同时也是对这门课程的小结,充分展示学生自己设计、制作的装裱艺术作品,使学生获得成就感和自豪感,感受艺术的生活。在项目实践中学生们体验传统手工艺人的工匠精神、增强劳动意识、体验劳动的喜悦。

图 2　学生在下料、镶活

图 3　学生在齐边、上杆

图 4　优秀作品展示

图 5　优秀作品展示

图 6　课程实验作品集体展示

（四）课后提升阶段——开拓视野、多元构建

根据课程的性质,课后学习采取线上拓展学习和线下参观观摩两种方式同步进行。线上拓展学习是由几个方面构成:1.教师布置课后任务和练习,围绕学生练习中的问题,制作错题集与学生共享。2.开放学生端,允许学生之间互见,观摩作业、同伴互评、查看成绩、了解排名。既可以营造学习氛围,又可以激发学生的自主学习能力和学习热情。3.充分利用学习通 App 的拓展功能,导入学校图书馆的资源,如超星名师讲坛、云舟专题、移动图书馆、电子教材等,营造智慧学习环境,开拓学生的视野。4.利用学习通进行调研,分析掌握学生学习的情况,进行教学反思和改进。

课后提升阶段,重点要求学生结合课程开展线下艺术观摩学习,充分利用学校的书法社、艺术社团、书画展览馆,以及社区的书画馆、上海博物馆、中华艺术宫等区域文化教育资源,观摩经典优秀艺术作品,提升大学生审美感受力、审美品位,构建艺术审美教育的多元路径。

（五）教学考核评估——优化考核方式、总结改进

混合式教学模式的课程考核方式也需要进一步优化。采取过程性评价与总结性评价相结合的多元化考核评价模式,激发学生学习的积极性和自主性,形成课堂讲授、课程实验、课内实践、课程设计一体化教学过程。① "书画装裱工艺"课程以

---

① 李琛:《线上线下融合教学模式应用》,载《包装工程》2019 年 12 月第 S1 期,第 25—29 页。

综合考察学生线上的情境学习和线下的知识、技能的综合分析、解决问题、实践操作、团队协作等能力为主要目标,课程分为课程实验作业、课堂互动、课程视频、章节学习次数、讨论 5 个模块作为平时成绩的权重项,加强学习的过程化考核,计分标准也更为合理。

表 1 "书画装裱工艺"课程考核项目参照

考核项目	线下		线上		
	课程实验作业	课堂讨论、互动	课程音视频	章节学习次数	互动、交流
占比	40%	20%	10%	10%	20%

结语

良好的学习情境、团队之间的相互协作、同学和老师之间的讨论与会话交流、有意义的知识建构过程,是学生通过学习获得新知识的重要因素。[①] "书画装裱工艺"作为一门高校审美教育的公共选修课程,尝试采用学习通 App 平台的混合式教学,拓展了传统教学的时间和空间,使有限的课堂时间延伸,改变了传统的依赖课堂内教学,扭转了内容丰富、课时不足的问题,实现了"以学生为中心",增加了学生案例实践的机会,增强了学生独立思考和深入探究能力的培养,达到了 1+1>2 的效果;通过平台大数据的数据统计及分析,教师了解了学生在线学习情况,建立精准的个性化教育档案,激励和引领学生自主学习;教师也充分利用平台的资源,在更好地进行教学活动的同时,又提升自身的教学设计能力和信息化技术运用水平,提高教学质量。

---

① 布鲁纳:《教育过程》,邵瑞珍译,文化教育出版社 1982 年版。

CG[①] 时代 CIE"定格动画"课程的项目化教学初探
——构筑"以美育人"的新格局

李平 宋斐

【摘 要】 定格动画是一门风格独特的古老艺术,具有与手绘动画和电脑动画迥异的美学特征。在 CG 时代背景下,现代信息技术在定格动画中运用广泛,令定格动画在表现形式、制作手法上大放异彩。本文通过整理 CIE (Creativity, Innovation and Entrepreneurship;创造能力、创新意识和创业精神的首字母缩写)"定格动画"课程案例、研究 CG 时代下 CIE"定格动画"课程的审美特征及审美教育功能,初探项目化教学在 CIE"定格动画"课程中构筑的"以美育人"新格局。

【关键词】 CIE"定格动画"课程;CG 时代;审美特征及审美教育功能;项目化教学;以美育人

【作 者】 李平,上海市大同中学高级教师;宋斐,上海市大同中学中级教师

[①] CG 即电脑图形,Computer Graphics 的英文缩写,是通过计算机软件绘制的一切图形的总称。

一、定格动画与 CIE"定格动画"课程

(一) 什么是定格动画

定格动画(Stop-motion Animation)是利用视觉暂留原理,以每秒 24 帧的标准逐格拍摄对象,然后连续放映,从而产生动画效果。定格动画与传统手绘动画一样历史悠久,甚至可能更古老。①

随着科技的进步,计算机技术与影视技术等逐渐融入定格动画的制作过程,使定格画面呈现出更加丰富多彩的视觉效果和富于变化的交互手段,为定格动画创作提供了更广阔的空间。

(二) CIE"定格动画"课程简介

CIE"定格动画"课程是上海市大同中学 CIE 课程群之一,将文学、绘画、电影、戏剧、信息科技、艺术设计、音乐等学科内容进行整合,以数字媒体工程的概念设计课程内容,以项目化教学作为主要教学方法,让学生掌握定格动画制作的基本技巧和方法,在制作定格动画的过程中发现自身特长和在团队中的定位,发挥创意,体验成功。

(三) CIE"定格动画"课程目标

1. 使学生在项目化教学的氛围里,体验动画制作团队的工作经历,发现自身特长和在团队中的定位,收获友谊与成功。

2. 学习定格动画及影视制作基本技巧,包括剧本设计、作品编导、摄影摄像、后期制作、声音设计等,体验影视工程设计预算的基本方法。

3. 分职能实践动画角色、场景、道具的塑造技能。

---

① 定格动画(动画形式),载百度百科,https://baike.baidu.com/item/%E5%AE%9A%E6%A0%BC%E5%8A%A8%E7%94%BB/4796300? fr=aladdin。

二、CG 时代下《定格动画》课程的审美特征及审美教育功能

定格动画是创造生命运动的艺术，是一种独特的动画艺术表现形式。定格动画创造出来的角色及角色运动的内容、形式、结果和意义，都有着自身独特的艺术魅力与特征。

（一）CG 时代背景

国际上习惯将利用计算机技术进行视觉设计和生产的领域通称为 CG，既包括技术也包括艺术，几乎囊括了当今 CG 时代所有的视觉艺术创作活动。①

（二）CG 时代下《定格动画》课程的审美特征

定格动画独特的艺术语言，来自其制作材料及拍摄方法。定格动画的制作材料本身也是动画审美的重要组成部分；逐帧拍摄技术，可以在屏幕中赋予角色以生命，使其活灵活现，增强作品的视觉体验。

其次，定格动画的表现形式多样、手工制作过程愉悦，具有别样的审美情趣。②

最后，在 CG 时代，定格动画的手工制作结合计算机软件，赋予原本无生命的实物、材料以生命与灵魂，实现了手工制作与科技的完美统一。定格动画制作的新技术，使人们在观赏动画的同时，获得感官上的享受，精神上的愉悦，其特有的真实美感是手绘动画与电脑动画所无法比拟的。③

（三）CG 时代下"定格动画"课程的审美教育功能

马克思主义美育观认为，审美教育旨在培养人的全面发展，把"生产完整的人"看作是一个人全面发展的重要问题，并期望未来社会能促使"每个人全面而自由的发展"。④ 审美教育就是通过审美活动对人的身心进行全面的塑造，从而培养理想

---

① CG（计算机动画），载百度百科，https://baike.baidu.com/item/CG/9570040。
② 于林林：《CG 时代定格动画艺术的美学特征研究》，载《艺术家》2019 年第 7 期。
③ 吴浚：《论定格动画的手工愉悦》，载《美术教育研究》2013 年第 7 期。
④ 佟婷：《动画美学概论》，中国电影出版社 2015 年版。

的、完美的人。而 CG 时代定格动画的审美教育,主要是以潜移默化的方式,塑造完美的人格,培育审美创造力。

三、项目化教学构筑"以美育人"的新格局

定格动画是一种融文学、绘画、电影、音乐等多个学科的综合艺术,整个动画创作流程包括前期创作、中期拍摄和后期剪辑三个阶段,不可能由一人完成。因此,CIE"定格动画"课程实施的核心环节是将项目化教学融入定格动画的课堂教学中。

(一)项目化教学

项目化教学是一种在建构主义学习理论指导下的教学法,是基于探索式学习和协作式学习的一种模式,通常包含明确任务、制订项目方案、实施项目、过程检查、展示成果、评价及推广成果六个步骤。① 定格动画的制作流程,与项目化教学有很多相通之处。

在 CIE"定格动画"项目中通过任务驱动学生自发构建学习共同体,相互鼓励,互相帮助,共同获得学习经验,在集体的合作中发挥自己不可替代的作用。学生除了学习定格动画课程的相关知识和动画制作的基本技能外,还能自主地进行多学科知识的建构,在制作定格动画的过程中发现自身特长,明确在团队中的定位,发挥创意,体验成功。

(二)项目化教学的优势

1. 建立师生团队的合作意识

定格动画的制作要经历"前期创作""中期拍摄""后期剪辑"三个阶段,高效的团队协作是定格动画项目顺利实施的保证。

CIE"定格动画"课程项目化教学由艺术专职教师团队负责本课程的开发与实施,布置项目任务。美术教师指导学生完成角色设定、角色绘制、写作和绘制分镜

---

① 黎梦雨:《基于多元发展的高中动画项目学习研究》,华中师范大学硕士论文 2019 年。

头剧本、角色制作、道具制作、场景搭建等前期准备；动画选题、拍摄内容的讨论，中期拍摄由影视教师指导；音乐教师则主要负责指导学生整理拍摄素材、处理图片、视频剪辑、声音设计等后期剪辑。

同时，学生团队在招募时也做了大体的分职安排，根据学生的兴趣爱好及特长进行分组，每个人在项目内有明确的角色和任务，完全模拟动画团队的职位分工，设有编写剧本及影片预算的编剧；绘制分镜头剧本画稿和角色设定的手绘师；角色、道具制作和场景搭建的手工师；统筹拍摄的导演；处理图像、音频视频的动画剪辑师；全程拍摄、花絮采集的摄影摄像师等。

制作团队成立后，动画导演自始至终参加动画制作全过程，动画作品质量的好坏往往取决于导演的素质与修养。

另外，团队成员彼此既要相处融洽，又要交流沟通，互相学习。唯有较强的团队意识，才能高效、快捷地完成项目任务。

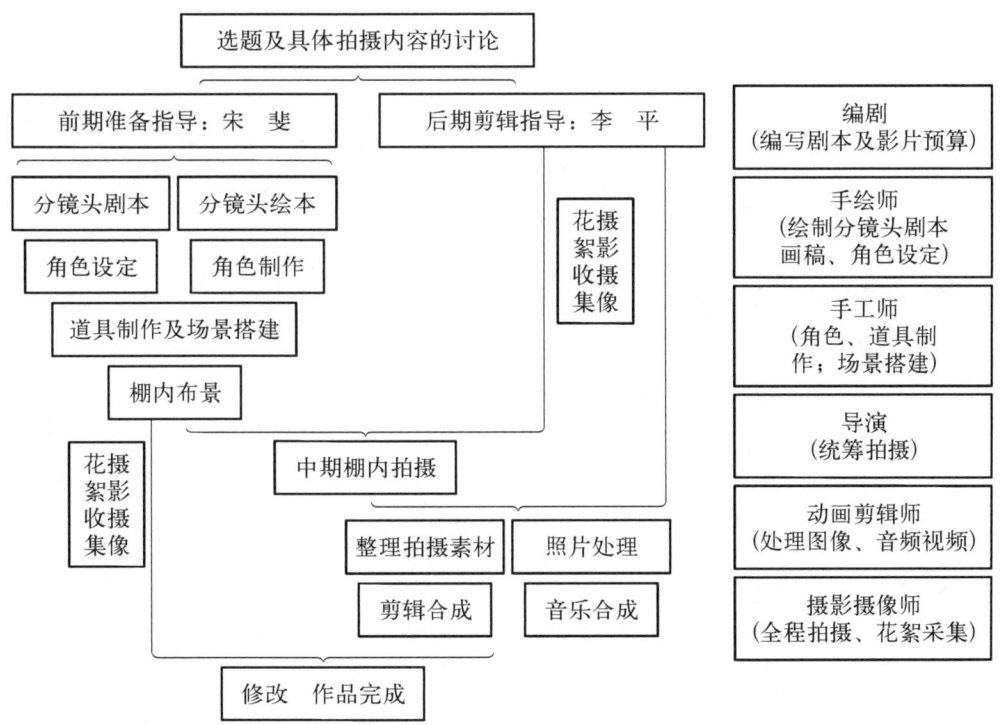

图1　CIE"定格动画"课程项目化教学流程

2. 培养整体规划意识

整体规划是对定格动画项目的策划、项目经费、题材、主题、内容、材料、风格、角色、道具和场景设计与制作、拍摄、剪辑等的整体优化，从而制订定格动画制作的实施计划，对项目的顺利实施起决定性作用。教师对整体计划的可行性提出质疑，提供指导意见，给出项目重要节点的进度检查时间表，检查关键点和项目进度。

整体规划帮助学生在定格动画创作初期增强对作品的控制力与执行力，建立全面的创作视角，提升动画作品质量和视觉效果。

整体意识的养成，能让学生抓住复杂问题的主要矛盾，独立思考，以合理、经济、简便的方法，解决定格动画项目实施过程中所遇到的实际问题。

表1 CIE"定格动画"课程中项目的整体规划

阶 段	步 骤	育 人 目 标
前期创作规划	策划—预算—撰写文字脚本—分镜头剧本的绘制—角色、场景和道具的设计与制作—拍摄前的准备工作—搭建场景—摆放角色和道具	培养学生洞察力、想象力、动手能力、创新思维、经济意识；提高分工合作的意识及写作能力
中期拍摄规划	调试拍摄设备及软件—布置灯光—团队合作，逐帧拍摄	培养学生动手能力及安全使用设备的意识；提升在定格动画拍摄过程中解决实际问题的能力
后期剪辑规划	整理素材—修图—剪辑—画面色调的调整—影片特效的添加—字幕—声音设计—最终合成输出—作品宣传推广	培养学生影视剪辑及特效、声音设计、营销等多学科知识的综合运用能力及创新意识

3. 培养审美意识

定格动画在美育方面具有独特优势，定格动画作品是创作者审美意识、审美理想和审美情感的集中体现，是审美创造的结果，定格动画作品具有趣味性、审美性、知识性的统一，以及内容美与形式美的统一。艺术审美是定格动画项目中必不可少的教学内容。

表 2　定格动画的审美元素构成

形式美	视觉美	材质、造型、光影、构图、色彩、镜头、场面调度、蒙太奇（画面的剪辑组合）等
	声音美	音乐、音效、语言、蒙太奇（声音的剪辑组合）
内容美		风格、结构、情节、情感、意境等

CIE"定格动画"课程的项目化教学能够为学生提供符合其身心特点的审美体验。通过优秀中外定格动画《山水情》《魔弦传说》赏析，引导学生对定格动画的艺术形象进行感知、联想、想象、理解和评价，实现感性到理性地飞跃，从而获得审美愉悦，并对学生的思维方式和人际交往产生积极的影响，培养他们欣赏美、理解美、创造美的能力，促进学生的全面发展。

4. 培养创新意识

定格动画项目的主要任务是定格动画的制作，其灵魂是创新。哲学家卡西尔认为："人只有在创造文化的活动中才能成为真正意义上的人；人的本质是永远处于不断创造文化的辛勤劳作之中。"①定格动画运用综合性的艺术语言，既不是模仿现实生活中的人和物，也不是再现物质世界的生存状态，而是创造超越现实生命体的非现实的生命运动。

CIE"定格动画"课程中的项目化教学，可采用头脑风暴、个体学习、小组学习、课堂教学、小组讨论交流、专题讨论等方法开展。通常，创作一部完整的定格动画作品，需要三次再创作过程②。

表 3　定格动画的三次再创作

第一次再创作：剧本的创作；角色、场景、道具的设计与制作	对生活素材进行筛选、加工、运用、提炼主题，处理题材，安排情节、布局故事结构、塑造角色、锤炼语言；将生活真实转化为文学艺术的真实；把文学剧本描绘的生活情景进行物质复原，将其制作成具体的角色、道具和场景，使其既逼近生活真实，又具有艺术的真实

---

① ［德］恩斯特·卡西尔：《人论》，甘阳译，上海译文出版社 1985 年版。
② 佟婷：《动画美学概论》，中国电影出版社 2015 年版。

续　表

第二次再创作：棚内拍摄	利用专业的布光，针对具体的角色、道具和场景，经过逐帧拍摄，将一张张动作分解成图画；巧妙运用动画镜头语言，完成图像资料包
第三次再创作：剪辑合成	对图片进行优化处理，使其成为连续运动的幻影，再经过巧妙地剪辑、声音设计等过程，转化为声画结合的平面影像，创造出完全虚幻又丰富多彩的动画作品

案例一：原创定格动画《北极熊贴冰记》的三次再创作

片名：《北极熊贴冰记》			
第一次再创作：定格动画的剧本创作，定格动画角色、场景、道具的设计与制作	生活	剧本来源	角色、道具、场景
		在全球变暖的背景下，北极冰川开始大量融化，导致北极熊的生存环境日益恶劣，甚至发生了北极熊溺亡的新闻	北极熊妈妈、北极熊宝宝、北极一处冰面
	定格动画	定格动画的剧本创作	定格动画角色、道具、场景的设计与制作
		第一幕：随着气候变暖，小北极熊所处的冰面开始融化并且裂缝越来越大 第二幕：小北极熊看着自己跟前的冰面开裂，迅速逃回冰屋拿出胶带，不停地粘贴冰缝，偶尔下水拉住附近一些小浮冰用胶带贴起来，它想要和北极熊妈妈相聚，获得安全的生存之地 高潮1：小北极熊所在的冰面突然整片开裂，越漂越远、越来越小，它跳下浮冰，游回有冰屋的大块冰面上；终于，小北极熊将碎冰全部贴了起来，朝着北极熊妈妈和冰屋方向走去 高潮2：衣架倒塌，北极熊妈妈扑倒在地；同时，小北极熊掉入瞬间断开的巨大裂缝，不知所踪。 落幕：北极熊妈妈走到小北极熊跌落的地方，看着从泛着涟漪直至平静的海面，落下泪来；冰川画面逐渐变暗直至黑屏	角色：北极熊妈妈和北极熊宝宝的材料使用的是树脂黏土，因为它捏塑性强、不易回弹、能自然风干、有弹性不脆裂，还有很强的防水功能，用它来塑造动作，刻画不同表情，能够更好地凸显北极熊的内心和形象，使其更富有感染力 场景：冰川、冰山，浮冰采用1.5厘米厚的挤塑板，通过切割、组合、叠加的方法制作冰面的立体效果，利用渐变、湿画法、深浅色叠加的方法营造出水波纹的效果。用玻璃碗外覆盖树脂黏土搭建出冰屋 道具：为了再现原本生活的幸福，增加了熊宝宝的玩具球和熊妈妈的晾衣架（这两件道具也是情节点爆发的轨迹引导）

续　表

片名:《北极熊贴冰记》		
第二次再创作：定格动画棚内拍摄	生活	原始场景及光线存在的问题
		1. 零散的场景板，与取景框有冲突 2. 自然光不能烘托气氛，影响拍摄画面的稳定性 3. 角色道具不固定，拍摄时的任何移动都会导致拍摄重来
	定格动画	棚内场景布置及布光
		1. 整个场景分背景板和底板两个部分，在棚内完成合理搭建，最终效果呈近90度合并 2. 雪地效果是在全部棚内布完景后撒上的面粉；冰川、浮冰根据镜头选取框进行调整固定 3. 角色按照剧幕各就各位 4. 采用三点式布光，整个光线从太阳升起的暖光到最后悲情收尾的冷光
		棚内逐帧拍摄
		1. 场记按剧幕分配好拍摄内容，导演设计镜头，构思好场景转换 2. 摄影师运用龙定格软件进行逐帧拍摄，实时观察是否虚焦、是否有场景穿帮、光线调整等诸多问题 3. 按剧幕整理好原始素材
第三次再创作：定格动画的剪辑合成	生活	1. 原始图片库，有穿帮，色差 2. 静止的图片
	定格动画	1. 后期利用 Photoshop、Premiere、Cubase 等电脑软件，按照整体艺术构思，进行图片处理、声音设计、画面合成和蒙太奇处理等，合成输出影片 2. 经过剪辑的动画潜藏着一种内在的魅力，那是作品隐含的意蕴。开放式的结局，引起观众想象小北极熊的生死。全球变暖警示大家：在看不到的地方，地球在哭泣，动物在哀鸣，北极这最后一块世界大冰库又能保持多久？呼吁大家立即采取行动！动画紧扣环保主旨，值得人类反思

5. 培养多学科知识综合运用的能力

定格动画融入了文学、绘画、电影、戏剧、信息科技、艺术设计、音乐等学科内容，学科整合十分明显。其剧本创作、角色、道具和场景的设计与制作、逐帧拍摄、

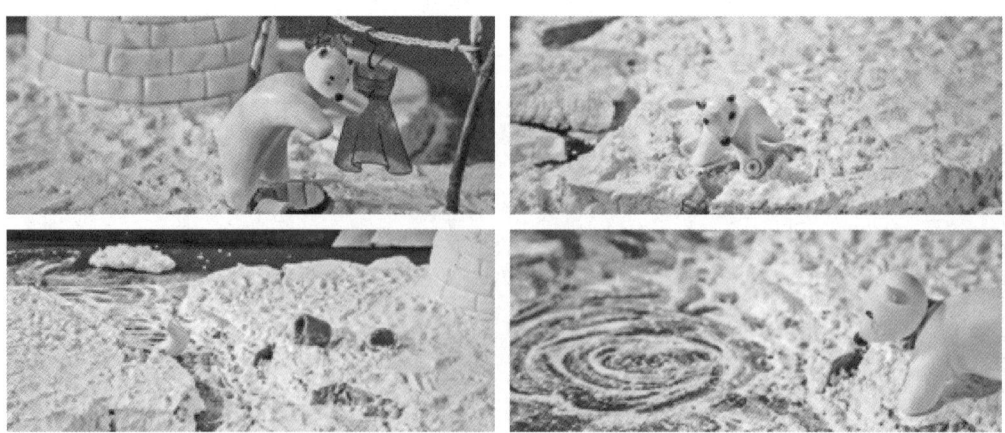

图 2　原创定格动画《北极熊贴冰记》的剧照

动画声音设计和动画剪辑等,是不同学科知识的综合运用;项目化教学能培养学生多学科知识综合运用的能力和提高解决实际问题的能力。

定格动画的制作过程中经常会使用灯光照明系统、智能轨道系统等专业设备,以及许多计算机软件,如:

表 4　定格动画常用软件

拍摄软件	Dragonframe 等
图形软件	Photoshop 等
音频剪辑软件	Audition、Cubase 等
视频编辑软件	Premiere、会声会影等
特效软件	After Effects、Combustion 等
三维动画软件	3D Max、Maya 等
光盘刻录软件	Nero Essentials、Windows 系统自带的光盘刻录功能等

在 CIE"定格动画"课程的项目化教学中,经常会碰到许多难题,如动画角色如何塑造、动画场景如何搭建、灯光如何恰当地运用、镜头如何组接才能使定格动画产生美的意蕴等。对于这些问题,专业教师团队应当运用多学科的综合知识,结合

现代教育技术和现代教育理念，及时解决定格动画项目实施过程中遇到的实际问题，让学生尽情发挥创意，表达自我，放飞梦想。

案例二：原创定格动画《十二生肖变形计》的特效运用

片名：《十二生肖变形计》		
故事创意	特效运用	收获
源于一个"纸向何方"的课题而引发的灵感，课题结束之后，定格动画小组延续了课题组的想法，将12色的彩纸变成十二生肖的折纸，最终变成黏土的十二生肖的过程。在传统拍摄的前提下，演变的过程只是简单的重复，团队想要突破。	利用特效软件 After Effects，最终营造出火焰、烟雾、粒子特效，折纸的十二生肖在魔术技法的掩映下，巧妙地变出生动的黏土十二生肖。	定格动画《十二生肖变形计》将文学、折纸、黏土艺术、图片处理、音频编辑技术、影视剪辑与特效技术融为一体，立足传承经典文化，使现代人在享受科技的同时，关注折纸、黏土艺术。动画以童趣的方式呈现，引发人们的兴趣与思考！

图3　原创定格动画《十二生肖变形计》中的特效镜头

6. 培养艺术实践意识

德国哲学家黑格尔就十分重视艺术实践在艺术创作中的作用。定格动画项目中的艺术实践是理论与实践相结合的一个重要过程，是提高学生艺术素养、增强艺术实践意识与创新意识的重要环节与途径。定格动画的创作要经历构思、设计、艺术实践和作品展示与宣传推广，每个过程都必须经得起实践的检验。在艺术实践的过程中，小组成员职责分工明确，齐心协力。不同进度的小组在不同阶段有专门的指导教师辅导，协助学生按计划完成任务，并最终完成动画作品。

没有艺术实践,是不可能将定格动画的策划、创意转化为真实的定格动画作品。因此,培养艺术实践意识是非常重要的。

7. 培养营销能力

定格动画项目的成果展示与宣传推广,对推动创意交流,树立自信,有重要作用。

每当学生经过相当艰辛而漫长的动画创作过程,制作出自己的原创定格动画作品时,激动的心情难以言表。为鼓励学生能推广自己的作品,学校充分利用各种活动为学生搭建展示原创作品的平台,分享与总结定格动画制作中的酸甜苦辣,成败得失。

学生在敢于在同伴面前大胆表达,充分锻炼了自己的演讲能力,树立了自信心,积累了营销策略和经验。

8. 重视评价与反思

重视定格动画项目的评价与反思能使学生及时得到反馈,改正不足,增强学习动力。

评价应结合定格动画项目化教学的每一个环节,除学生们对学习过程、学习经历、学习结果、在团队中的角色、对团队的贡献等进行自评、互评外,还要结合教师评价。教师为此设计了非常细致的评价单,以下展示其中一页。

表5 CIE"定格动画"课程的评价单样例(部分)

高一年级第一学期			
周次	内　　容	类　　别	活　　动
15	高一第一学期评价	文本	评价
评价目标	1. 关注个人意志品格能力的成长。包括自觉自制自信能力、实践果断能力、交流表达能力、创新创造能力、团队协作能力。 2. 以小组为单位,对原创定格动画档案袋资料收集情况进行考核。 3. 高一学年结束时要求完成大部分进棚拍摄资料道具及预案,第二学年结束时要求有较为完整的原创定格动画作品。 4. 高二第二学期结束时教师会给予每位学员个性化评语。 5. 分4个学期4张评价表格呈现。			
作业:原创定格动画《　　　　》成员×××高一年级第一学期活动评价			

续 表

评价维度	个人意志品格能力				评价方式		
	第一阶	第二阶	第三阶	第四阶	自评	互评	师评
自觉自制自信能力	不清楚自己有什么目标,无视他人的意见,不能控制自己的行动,不能克服困难。	对自己的行动、目标有简单的认识,能听取他人意见,能控制自己的行动,就在别人帮助下克服困难,完成目标。	对自己的行动目标有明确认识,能听取他人意见,能作出决定,能够控制和支配自己的行动,能够独立克服困难,完成目标。	对自己的行动目标有明确的认识,认真听取他人的意见,独立作出决定,对行动过程和结果进行自觉反思,能够控制自己的情绪,坚持目标,控制和支配自己的行动,能在克服困难后,激励同伴,共同树立自信心。			
实践果断能力	不能明辨是非,不能作出决定,不愿付诸实践。	明辨是非,能作出决定,能配合团队付诸实践。	明辨是非,能迅速做出决断对策,主动参与实践。	明辨是非,能做出决策,并根据发生的情况随机应变。			

CIE"定格动画"课程坚持以美育人,以创新素养培育为核心,为学生将来踏上社会,规划自己的职业生涯,成为具有国际视野、科学技术、人文素养和项目规划意识的人才积累宝贵的经验。

面对高考改革,学习压力巨大的社会现实,学校利用CIE"定格动画"课程的项目化教学,作为学习的"解压阀",构筑"以美育人"的新格局,这才是我们开设CIE"定格动画"课程的意义所在。

通过"情景对话"提高幼儿美术活动的积极性

施 靓

【摘　要】　幼儿教育是教育事业发展过程中的重要一环,其教育质量也是社会各界所高度关注的问题。艺术是人类感受美、表现美和创造美的重要形式,也是表达自己对周围世界的认识和情绪态度的独特方式。美术活动是当前幼儿园教育的重点内容,在提高幼儿审美能力、动手操作能力、评价能力等方面具有重要的作用。在幼儿园开展美术活动难度较高过程中还会经常出现各种问题影响活动效果。基于此,"情景对话"教学方式逐渐被应用在幼儿的美术活动中,并以此提高幼儿参与活动的积极性。

【关键词】　情景对话;美术活动;师幼互动;情景贯穿

【作　者】　施靓,上海市虹口区曲阳第五幼儿园二级教师

　　美术活动的开展最重要的就是促进幼儿人格的健康发展,要想提高活动效果就需要幼儿们积极地参与。情景美术活动是通过设置各种虚拟场景线索,以人物的活动作为表现形式将现实生活同化到幼儿的世界中,满足个人对外部世界的理解和情感表现的需要,在创作过程中宣泄自己的情感。当然美术活动的开展不是空穴来风的突发奇想,要结合孩子的生活和经验并依托于主题活动。"情景对话"使得幼儿与教师能够在平等的氛围内进行交流、美术创作、评价欣

赏，教师也能够及时了解幼儿的需求，使幼儿参与美术活动的积极性大大提高。

一、幼儿美术活动的特点

《3—6岁儿童学习与发展指南》中提到学龄前幼儿的好奇心是通过感官接触物质材料而产生的，表现为根据事物的形状、颜色、声音和动作进行思考的。然而，美术是有着丰富的色彩、形状、结构和材料的艺术形式，开展美术活动为幼儿提供了自由的天地。借助于美术活动，幼儿可以利用各种材料表达对周围生活的感受和理解，是对幼儿实施全面发展教育的理想活动，也特别容易被幼儿喜欢和接受。3—6岁的幼儿认知水平和手部肌肉活动能力有限，尤其是小班的孩子，缺乏操作经验和技巧，在美术活动中无意行为占主导地位，美术作品有着极强的随意性，也比较简约，而且幼儿们在美术创作过程中会将美感与情绪联系，喜爱鲜明艳丽的色彩而不注意色彩协调的美感。这个年龄段幼儿们好奇心、探索心较重，开展美术活动可以引导幼儿们在创作的世界里尽情的抒发感情。[①] 教师们在这个时期激发幼儿对美术的兴趣，也可以为其将来参与美术活动奠定基础。

二、"情景对话"在美术活动中的定义

"情景对话"是教师有目的的引入或创设情景，借助于设计的各种线索，通过语言让幼儿如身临其境，加强感知，突出体验，满足他们对周围世界的认识和情绪态度表达需求的互动教学方式。[②] 在互动过程中，师生不再仅仅是给予和接受的关系，而是平等的双向沟通关系。在这种和谐的氛围中，幼儿压抑的情绪得到解放，学习不再是被动的灌输，而是对话式的主动参与和感受。

---

① 邱小超：《提升小班幼儿美术活动的兴趣》，载《儿童与健康》2018年第10期，第46—47页。

② 吴皑洁：《感悟情景　收获精彩——浅谈情景性教学在小班美术活动中的尝试》，载《家教世界》2015年第18期，第34—35页。

三、"情景对话"对开展幼儿美术活动的意义

"情景对话"对于幼儿园美术教学有着不可或缺的存在价值,在教学活动中运用语言、环境、材料、画面等多种手段,引导幼儿进行情感体验,激发对美术活动的兴趣,培养美术修养、艺术美感。情景对话模式的教学应用,帮助幼儿通过具体的场景感知美术的抽象性。音频、视频及多媒体工具的辅助应用,全面提升和激发了幼儿学习兴趣。[①] "情景对话"的方法帮助幼儿在实践中感悟美术的魅力,培养幼儿的创造能力。

(一)创设情景,激发兴趣

幼儿园孩子的年龄较小、认知水平较低,缺少操作经验,但是与生俱来的好奇心及探索欲是幼儿在美术活动中发挥创新能力的条件,而美术活动的开展可以进一步激发幼儿的创造力。此外,幼儿园的美术活动营造了放松且快乐的氛围,让师生之间、幼儿之间能够在交流过程中完成倾听、尝试的过程,幼儿们能够随心所欲地表达自己的内心情感,在提高学习兴趣的同时进一步提高了幼儿的创新能力。在教学情景的多元模式应用中,通过创设美术情景,激发幼儿参与的兴趣。游戏情景适合幼儿年龄特性,培养幼儿自制力,也为美术活动增加了趣味。

(二)多种形式,自主探索

美术活动具有多样性的特征,因此也可以针对幼儿不同的兴趣点开展美术教学,促使幼儿能够自主探索,自由发挥、大胆创作,真正成为美术活动的主导者,培养幼儿主动探索能力。在幼儿对对象有了深入理解,表达愿望后,教师需要将组织形式、材料、方式方法进行整合,并创造一个支持、自由、轻松的环境供幼儿探索和表现,让幼儿可以专注于主题,选择自己感兴趣、有表达经验的内容进行创作。在美术活动中,让幼儿体验成功、感受赏识、发现乐趣是培养兴趣的要旨,也是激发幼

---

① 胡玲玲:《幼儿园小班美术情景教学策略研究》,载《天津市教科院学报》2015年第6期,第84—85页。

儿积极性行之有效的方法。在美术活动实际的教学中,营设自由氛围,是组织深入性的教学实践,推广应用教学场景模式的必要条件。

(三)情景交融,发挥想象

美术活动开展过程中所营造的情景化环境能够进一步激发幼儿的创作积极性,幼儿不必拘泥于板正的教学环境,能够缓解幼儿内心的紧张感,有利于幼儿全身心地投入美术活动中,根据自己的想象力随意发挥。从课程设置着手,培养幼儿对美术的感受、体验、表现。以游戏式教学提升幼儿兴趣,并在兴趣和热情中,增加对活动内容的理解和掌握,达成更高效的活动效果。[1] 此外,可以在情景对话模式中增加活动的故事性、生活性和科学探索性,使幼儿美术活动更具活力。幼儿可以与家长、同伴、教师合作,多角度地、充分利用身边的资源进行创造性地表达。

(四)多元思考,提升审美

审美教育的重要实施途径是美术活动的开展,教师可以在美术活动中利用色彩、形状、图画等美术元素引导幼儿形成初步的审美观,提高审美能力,在培养幼儿审美能力的过程中也能加强其他方面能力的发展,使其真正对美的事物感兴趣。情景对话模式作为幼儿园美术教学的第一步,具体应用实践为基础场景的营造,在和谐的参与氛围中,以提升学生求知欲、积极性和探索欲为基础进行互动教学。在提升幼儿自信心及其审美意趣中,实现有效的"情景对话"。[2]

四、对幼儿美术活动中情景对话的现状分析

在美术活动开展过程中,教师对幼儿回答的引导和回应行为也影响着幼儿的身心发展。目前,教师的情景回应在国内外越来越受到研究者的重视,有资料表明,教师在情景中对幼儿回答的处理行为是引导过程中的重要因素,教师对幼儿的

---

[1] 严俞洁:《幼儿园主题教学中创意美术活动的开展》,载《科学大众(科学教育)》2020年第2期,第104页。
[2] 王艳:《建构新型幼儿美术活动模式,培养幼儿创新能力的实践研究》,载《学周刊》2020年第2期,第168页。

回应行为表明了教师对幼儿回答的看法。国外学者提出:"教师的回应行为会对幼儿产生超乎想象的影响,在教师眼里无意的鼓励或者批评,都会影响幼儿的自尊心。"由此可见,幼儿美术活动是教师和幼儿双向了解、共同努力的动态过程,在此期间教师需要和幼儿构建良好的互动关系。教师在情景中对幼儿回答的处理是否合适,关系到教师能否有效激活幼儿的创造性思维,带动幼儿使用大脑思考问题、解决问题,形成主动的探索意识。①

(一)幼儿园美术活动中情景对话的现状

1. 缺少"情景对话"

我国教育改革事业强调,学生应是课堂的主体,在幼儿园同样如此,幼儿是教学活动的主体。但是在实际中,教师为了按照自己的课程计划引导幼儿,往往会忽略"情景对话"的应用。甚至,当幼儿的回答与活动目标没有联系时,教师会选择打断孩子的表达。② 从这种情况可以看出,教师忽视了孩子在活动中的主导地位,没有真正了解孩子的身心发展情况,也没有站在孩子的角度思考问题。并在活动前进行"情景"预设,从而导致教师和幼儿之间的互动关系紧张,不利于幼儿表达积极性的培养。

2. "情景对话"有始无终

在部分幼儿园的美术活动中,教师会创设合适的情景导入。但在后续的活动开展过程里教师比较看重幼儿的作品或者对问题回答的准确程度,而对幼儿在活动期间的积极主动性以及表现出的创造力和大胆的思维未能及时给予回应,甚至视而不见。这无疑扼杀了幼儿的积极性,不利于幼儿自信心的培养,也限制了幼儿创造力的发挥。此外,"情景对话"的有始无终会让整个活动脱离情景。这无疑也浇灭了幼儿参与活动的积极性,影响了幼儿的思考。

(二)原因分析

1. 教师对美术活动价值不明确

当前多数幼师的教育理念仍较为传统,还没有形成科学有效的教育观念。在

---

① 胡义萍:《浅谈幼儿园美术活动指导策略》,载《学周刊》2020年第1期,第181页。
② 李静、李晴:《游戏在幼儿园美术教学活动中运用现状与对策》,载《陕西学前师范学院学报》2019年第35卷第11期,第110—115页。

活动中,错误地认为幼儿是依附于成人,可以由教育者随意塑造,在美术活动中任意打断幼儿的表达,否定幼儿新奇的想法甚至过多地关注幼儿的技能技巧等。在多数幼儿园中,幼师一般为刚刚毕业的学生,实践经验不足,对于活动目标和价值缺乏清楚的认识,对活动状态和幼儿在活动中的回应不能很好地处理,常常太过重视活动的正常进行而忽视幼儿在活动中的表现和反应。

2. 教师对幼儿年龄特点把握不足

美术活动中教学活动的目标、过程设计和组织,无一不是经过教师与幼儿的相互作用才转变为现实的。若不以幼儿的年龄特点作为基点,选择合适的材料、环境及情景,教师很难脱离指导者的身份。从而让整个活动缺少幼儿的参与,抑制了幼儿想象力和创造力的发展。

3. 教师缺乏教学经验和反思

美术活动的开展一般有时间限制,教师由于缺乏经验,在开放性提问和封闭性提问的安排上存在不合理之处,导致留给幼儿思考的时间不足,幼儿难以进行发散性思维。

教学反思应该是教师必备的教学素养,正确的教学反思能够使教师意识到教学活动存在的优势和不足。幼儿园教师也不例外,在反思中能够更好地调整"情景对话"的运用策略,引导幼儿更积极的投入美术活动。但是部分幼师反思意识不足,在开展美术活动前没有进行认真的思考和准备;或者一些幼师具有反思意识,但是没有长时间坚持下去,导致看不到在活动中存在的问题,在下次开展教学活动时亦未能及时调整。

五、"情景对话"应用于幼儿美术活动中的案例分析

如今我们对美术活动中"情景对话"的意义有了深入的了解和认识,而幼儿园的美术活动在激发幼儿创造力方面有很大的作用。因此,教师需要摆正教育观,不断鼓励幼儿表达自己的想法、情感,尊重幼儿新奇的创造。以"情景对话"提高幼儿参与美术活动的积极性,使幼儿的身心得到更好的发展。

(一)情景互动,调动幼儿参与美术活动的积极性

幼儿美术活动,只是一种自发的涂鸦行为。一开始,幼儿并没有用工具来

塑造形象，更不用说利用材料来表达自己，发现自己的内心世界。小班幼儿年龄较小，在美术教学中无法涉及一般的美术技巧，但幼儿们在活动中可以通过剪、贴、画、撕等基本技能来创作。幼儿园的美术活动旨在营造一个宽松愉悦的氛围，让师生之间、幼儿之间能够在交流过程中完成倾听、尝试的过程，幼儿们能够在这种氛围下随心所欲的表达自己的内心情感，在提高对美术活动兴趣的同时进一步提高幼儿的操作能力。例如，小班美术活动"小猫做客"，当教师在进行撕纸操作时，通过情景提问引导幼儿观察步骤并掌握撕纸技能。"食指拇指碰碰头，撕一撕，转一转""有点像小鱼了吗？""再撕一撕，转一转呢？""看看现在像小鱼的哪里？""还缺少什么呢？"活动中教师的情景提问、夸张的动作和不断变化的表情吸引了幼儿的注意力。待观察后幼儿尝试用逐一撕去手工纸四条边的方式来表现胖胖的鱼、长长的鱼、尖尖尾巴的鱼等各种形态的小鱼。在美术教学中教师设置情景对话的提问吸引幼儿的注意力，不仅提高了幼儿参与的积极性，也使得幼儿与教师能够在平等的氛围里完成美术创作，教师能够及时了解幼儿的兴趣方向，大大提高幼儿参与美术活动的积极性。此外，教师在幼儿发散思维能力培养中，应注重教学的发散性思维潜能和学科辅助价值，通过"情景对话"的策略帮助幼儿在实践中感悟美术的魅力，踊跃参与，通过活动的开展引导幼儿积极思考并培养幼儿的创造性表现能力。

(二) 情景追问，满足个性化需求的同时促进幼儿自主探究

回应的有效性和教师自身经验的丰富程度有着直接的影响。如果教师缺乏教学经验，只能重复幼儿的回答，或者给幼儿的经验获得是零碎的，这样的回应是无效的。因此，在设计活动之前，教师需要根据幼儿年龄特点，选择适合主题及幼儿身心发展的素材。只有这样，才能准确把握活动内容，帮助幼儿进行经验的梳理和提升；才能及时有效地应对幼儿在活动中突发生成的问题。例如，在开展中班美术活动"神奇洗发水"之前，教师和幼儿进行了语言游戏——用接龙的方式说出自己的想法。"你想变成什么？""我想变成超人，因为超人厉害。""我想变成仙人掌。""我想变成变形金刚。""我想变成小兔子，因为兔子很可爱。"

教师通过"变变变"的语言游戏最大限度地鼓励幼儿进行想象,组织幼儿以接龙的形式大方表达自己的想法。教师用有效地回应鼓励幼儿"变"得和别人不一样。比如"这个想法真有意思""你想变的汽车和我想的不一样""原来还能这样变""你看到的机器人是什么样子的?""你也想变成房子,那你的房子和他的一样吗?"活动前的充分预设能让教师心中有数——孩子们都想要"变成"自己所喜欢的人或物。这样在活动设计的时候就能从幼儿的兴趣入手引导幼儿较快地投入美术活动中。教师需要在活动前仔细预设,而在活动过程中淡化预设,密切追随幼儿,倾听幼儿的声音。由于学龄前幼儿的年龄特点,大多数情况下,他们无法用语言清楚地表达内心想法。教师只有关注幼儿,倾听他们的声音,才能"读懂"幼儿,真正理解幼儿所要传达的意思和理由,捕捉到幼儿思考过程中的价值点,然后用幼儿能理解的话语进行梳理和提升。所以说,倾听是为了更好的回应。

在实际的教学实践中,可以发现:幼儿不会乖乖地走进教师预设的教学模式中,总会有一些突发奇想,生成事先没有预设好的新问题。面对孩子的好奇,教师需要培养敏锐的观察能力,紧紧追随幼儿,捕捉幼儿的信息,耐心地与幼儿一起探索和发现,要接住幼儿突然抛来的问题,采取多变的应对策略,灵活有效地进行追问。例如,在"神奇洗发水"活动的第二个环节,教师将三角形和半圆形组合在一起,引导幼儿观察像什么。有孩子说像冰淇淋,教师及时追问是怎么看出来的,孩子说:"我是倒过来看的,三角形像冰淇淋下面的脆筒。""咦,原来可以这样看,那我们再转个方向看一看,这次像什么?""像水里的小鱼、像小鸟的脑袋……"孩子们的想象灵感一下子被激发出来。

在尊重幼儿的欣赏习惯和独特感受的基础上,教师可以不对幼儿的回答提出统一要求。顺应幼儿的发现,鼓励幼儿表达自己的想法。通过追问个别幼儿的方式引导其他幼儿,此种教学手段能拓展幼儿的思维,逐步引导幼儿感知作品中图形和线条的有趣组合。

(三)情景贯穿,推动幼儿在美术活动中分享交流的有效性

在教育实践中,教师往往更重视活动的讨论及操作环节,分享交流作为美术活动中不可或缺的环节往往会被教师们所忽视。在作品的分享交流中教师过多关注

绘画技能或交流面过于狭窄等问题都会导致孩子们在此环节消极被动,从而与活动设计的初衷背道而驰。

经过导入、讨论、操作环节后,教师的情景性语言经常会"松懈",缺少情景的评价语显然就破坏了整个活动的完整性。在大班美术活动"小青花"中,以绘本故事为导入,创设了修复瓷猫的任务情景。通过欣赏老爷爷制作瓷猫专心致志的画面以及以"图案找朋友"帮助幼儿发现瓷猫身上独特的花纹的方式,引导幼儿感受青花的美,了解青花瓷的珍贵。以帮助老爷爷修复小青花为情感铺垫,每个瓷猫都有独特的花纹为背景,孩子们打扮的小青花都各有特色,有不同的造型、表情和花纹。"老爷爷已经把窑洞准备好了,请将打扮好的小青花摆在窑洞里。"孩子们陆续将画好的小青花猫贴在背景板上。为了提醒幼儿将作品摆放平整,老师说"这么漂亮的小青花可别再摔碎了,检查一下放整齐了吗?"这样一来孩子们不但有意识地将作品摆整齐,还会检查和提醒同伴。"谁愿意来说说自己设计的小青花?"接着,在孩子们积极的交流分享中结束了这场美术活动。在活动中教师情景语言的贯穿不仅让整个活动更完整,也提高了幼儿在分享交流环节中自评和互评的积极性。

大班幼儿已经有了一定的欣赏水平和评价能力,在进行作品的分享和交流时不仅要提高幼儿自评和互评能力,还要发展幼儿的语言表达和社会交往能力。任务情景的创设可以帮助我们推动幼儿分享交流的积极性和有效性。在美术活动"果盘里的丰收乐"的分享交流环节,老师创设了为小客人挑选一篮水果的情景。孩子们会有意识地挑选形状光滑、颜色好看、带叶子看上去新鲜的水果。孩子向同伴介绍自己挑选这个水果理由的同时就是以互评的方式激发幼儿再创造的意愿,也为活动的延伸提供了铺垫。任务情景的创设,以同伴互助的方式改善幼儿在美术活动中的学习方式,促进幼儿健康和谐发展。

六、启示与感悟

(一)"情景对话"教学能够提高幼儿的积极性

"情景对话"式美术活动是借助于各种情景线索,以角色的行为把现实生活同化于自己想象的世界,满足个人对外部世界认识与情感表达的需要,宣泄自己在创作过程中的情感。通过以上案例让我们意识到美术活动的开展不是突发奇想,是要结合孩子们的生活和经验并依托于主题活动进行的。

每一个美术活动的开展都以培养幼儿的艺术素养为核心,有其相应的现代化教育意义。在幼儿美术活动中应用"情景对话"式的教学策略可以有效地通过故事情景或者游戏情景激发幼儿参与活动的积极性,幼儿在玩乐过程中不知不觉就会完成相应的活动目标,掌握基本动手操作技能。

(二)"情景对话"教学应用的注意事项

1. 情景创设遵循适度性原则

教师们在采用"情景对话"的过程中要预设适合幼儿年龄段的情景,情景要与幼儿已有的经验相关联,并时刻关注幼儿是否能够理解和掌握教师的要求,最大程度上激发幼儿的参与兴趣。

2. 情景互动中注重幼儿的差异性

同一个班级内幼儿的个性有着较大差异,其对待美术活动的态度以及知识技能的水平也参差不齐,因而教师要关注幼儿的差异性,从幼儿的身心发展规律和接受知识的能力水平出发设计符合其需求的"情景对话"。教师应善于发现幼儿的闪光点,给予幼儿足够的空间,鼓励幼儿向同伴表达自己作品中的个性。

3. 情景内容的选择要生活化

学龄前幼儿缺少一定的生活经验,需要在各项活动过程中不断尝试和探索,以提高自身的创造力和表现力。美术活动的开展可以从情景内容的设置上增加幼儿的生活经验。因此,教师在设置内容时需要加强与幼儿生活的实际联系,增加感知体验,提高幼儿积极探索获得新知识的热情。

4. 情景评价要多元化

教师围绕情景利用激励性的语言、表情、肢体动作等对幼儿进行肯定和鼓励,调动幼儿对美术活动的兴趣。同时,评价内容除了幼儿美术技巧的掌握,还需要涉及幼儿的创作态度、内在情感等。通过情景中的追问鼓励幼儿探索解决问题的方法,激发幼儿表达的积极性,增加孩子之间情感交流。

幼儿园是幼儿生活成长的快乐天地，幼儿美术活动不仅可以引导幼儿发现美、鼓励幼儿表达美，还可以锻炼幼儿参与活动的主动性和积极性，激发幼儿的想象力和创造力。所以，尽力做一名有准备的教师，在设计活动时充分预设情景，做到勤于思考。在活动开展时，积极肯定幼儿的想法，与幼儿和谐互动。教师在活动中提问和回应方式的多样性能为幼儿创造更多表达和展现的机会。在活动开展后，勤于反思，优化教学方式。同时，不断探索合适的情景美术活动，为幼儿营造多样的美术活动环境。促进幼儿的全面发展，激发幼儿的美术欣赏、表达与创造的能力。美术创作是幼儿独特的表达方式，虽然没有语言那么直接。但是只要教师根据幼儿的年龄特点和情感需求创设合适的活动情景，就可以带领孩子们描绘出一个属于自己的多彩世界。

附录

教学案例一：小班"小猫做客"

活动目标：1. 用撕去光边的方法表现鱼的身体并尝试装饰画面。

2. 感受撕纸创作的乐趣，积极参与创意活动。

活动准备：手工纸、固体胶、深色彩笔、纸剪盘子

活动过程：

（一）情景导入：猫妈妈来做客

激发幼儿参与的兴趣。

（二）操作要求：做一条鱼

1. 出示一张手工纸：看看桌上有什么，我来做一条鱼。

2. 回忆撕纸的方法。

（1）食指拇指碰碰头，撕一撕，转一转，再撕一撕（好像鱼头出来了，好像鱼肚子出来了，好像鱼鳍出来了，好像鱼尾巴出来了）。

（2）撕去手工纸的四条边（变成胖胖的鱼，长长的鱼，尖尖尾巴的鱼）。

3. 尝试画画：有点像鱼，又有点不像。

（1）笔宝宝来帮忙（找找看小鱼的脑袋在哪里，尾巴在哪里？找到脑袋的地方

加上眼睛和尾巴)。

(2) 把小鱼装到盘子里,香香的鱼做好啦!

(三) 幼儿操作: 我会做鱼啦

只有一条鱼,那么多小猫吃不饱,我们一起来做鱼吧!

教师引导:

1. 大胆地撕,把每条边都撕去,留下胖乎乎的大肚皮,看看小鱼是什么样子的?

2. 找到脑袋,加上嘴巴和尾巴。

3. 装盘,撒上姜和葱,用黄色和绿色小碎纸装饰,香味扑鼻,看着真想吃。

(四) 欣赏与分享: 小猫吃鱼

闻一闻我做的小鱼香不香。

教学案例二:中班"神奇洗发水"

活动目标:

1. 感受故事的有趣情节,用较完整的语言表达自己的想法。

2. 尝试用图形组合和添画的方式,创造性地表现"变"的物体。

活动准备:绘本PPT、几何图形、水彩笔、固体胶

活动过程:

(一) 故事导入,激发兴趣

1. 我带来个新朋友,他的名字叫圆圆,圆圆特别不爱洗头。他说:"我讨厌洗

发水,因为它用起来很麻烦。特别是泡泡进到眼睛里会很疼。唉,要是有好玩的洗发水就好了。"

2. 有一天,妈妈去超市给圆圆买了一瓶神奇洗发水。那天晚上,圆圆用了神奇洗发水,结果他变成了企鹅。他说:"可爱的企鹅,我喜欢。"哗啦啦,淋浴的水一冲,他又变回来了。

3. 第二天晚上,圆圆又用了神奇洗发水。泡泡揉一揉,搓一搓,猜猜这次他变成什么?(出示局部到整体的火箭图案)圆圆变成了火箭,他说:"威风的火箭,我喜欢。"哗啦啦,淋浴的水一冲,他又变回来了。

小结:原来,用了神奇洗发水就能变成自己喜欢的东西。哇!真的好神奇。

(二)神奇洗发水

1. 第三天,圆圆又想用神奇洗发水了,这次变什么好呢?(回忆:圆圆变过了什么?)

2. 涂点洗发水,你觉得圆圆可能会变成什么?(半圆形+添画三角形)

3. 揉一揉,搓一搓,你觉得圆圆可能会变成什么?(转变纸的方向)

4. 再揉一揉,搓一搓(再次转变纸的方向),原来圆圆变成了_____。圆圆最喜欢_____。

(转变纸张方向,引导幼儿观察并猜测。)

小结:你们猜的东西都很有意思,圆圆很想变一变。

(三)图形变变变

1. 幼儿操作:你们也用神奇洗发水变一变,待会让大家猜一猜你变的是什么?

2. 提示:介绍材料,找一找哪些图形可以帮助你。

指导重难点:引导幼儿将物体和形状相联系,能够变得不一样。

(四)你变的是什么?

1. 展示幼儿作品,"揉一揉,搓一搓,洗发水,变变变","变的是什么?"

2. "变的是什么?"请小主人回答是否猜对了。

延伸:再给其他小朋友猜猜你变的是什么?

教学案例三：大班"小青花"

活动目标：

1. 发现青花瓷图案独特的美，加深对青花瓷的喜欢与爱护的情感。

2. 将螺旋和波浪纹样图案组合排列,尝试创造丰富多彩的瓷猫,以表现青花瓷不同的艺术美。

活动准备:

1. 欣赏材料:《小青花》图书画面,幼儿作品,小青花碎片图。

2. 幼儿工具材料:幼儿将白卡纸剪成猫、粗细蓝色水笔。

3. 背景底板

活动过程:

(一) 欣赏瓷猫,引发兴趣

1. 说一说故事的名称。

2. 瓷猫为什么叫小青花,青花有什么特别的地方?

(白底蓝花叫作青花,不是所有白底蓝花的都叫作青花。青花瓷是中国特有的宝贝,全世界都非常喜欢它。)

3. 为什么老爷爷会说"小青花摔碎了太可惜了"?

瓷猫身上有哪些漂亮的花纹呢? 我们一起来看看。

(二) 操作尝试

1. 出示碎片,分辨青花碎瓷片上的纹样(祥云纹、波纹)。

(1) 如意——一卷卷的像什么?

它叫祥云纹,表示吉祥如意。

(2) 波纹——是不是和波浪一样?

它叫波纹,表示一帆风顺。

2. 分辨花纹

观察碎片上的花纹,把祥云纹的碎片放在一起,波纹的碎片放在一起。

(三) 修复瓷猫创造表现

1. 观察瓷猫花纹

(1) 找一找这只瓷猫身上有没有祥云纹和波纹。

(2) 花纹的方向,是面对面还是不同方向?

(3) 引导幼儿发现花纹的对称性。

2. 幼儿操作,教师巡回引导

(1) 自选不同样式的瓷猫。

(2) 按照瓷猫不同部位的特征，装饰纹样。

(3) 变换纹样大小、方向、多少等，形成各种排列。

(四) 分享交流

1. 提醒幼儿将作品摆放平整。

2. 欣赏：每只瓷猫都不一样，我们来找一找有没有的新发明。

延伸：今天做的是纸猫，下次用轻黏土做个真正的瓷猫。

教学案例四：大班"果盘里的丰收乐"

活动目标：1. 欣赏经典艺术作品，体会秋季丰收的喜悦。

2. 将秋天水果的外形和颜色，运用剪纸涂色的方法表现出来。

活动准备：

1. 齐白石作品：苹果、柿子、橘子和石榴 4 幅。

2. 水果实物：苹果、梨、橘子、柿子、石榴、龙眼等数个。

3. 场景：水果店货架和竹篮。

4. 正方形和长方形的色纸、炫彩棒、剪刀。

活动过程：

（一）欣赏谈论

1. 欣赏齐白石名画中的水果，分辨水果不同的外形特征。

2. 感受水墨画的独特风格，了解齐白石是我国有名的画家。

3. 观察桌上的水果，了解秋天是水果丰收的季节，我国的水果品种多又多。

小结：秋天是水果丰收的季节，不同的水果有不同的样子、味道和营养。

（二）操作尝试

1. 出示水果店货架，一起用剪纸的办法做水果，把货架放满。

2. 观察柿子和石榴的外形和颜色，讨论如何选择相应颜色和形状的纸张。

3. 探索石榴的剪纸方法：修一修，剪出石榴圆圆底部和"皇冠顶部"。

思考：哪个地方修得多一点，哪个地方修得少一点，哪个地方需要弯一弯？

4. 探索柿子的剪纸方法。

5. 分辨石榴上更多的颜色，尝试在剪好的石榴上涂色，表现颜色的变化。

6. 观察龙眼，讨论有什么好办法能一次剪出许多龙眼？（折叠后再修圆。）

小结：不同的水果，需要挑选不同形状和颜色的纸，剪完后还可以涂上颜色，让水果看起来更新鲜。

（三）创造表现

1. 观察桌上每一种水果的形状与颜色。

2. 选择其中之一，观察形状和基本色，选择相对应的色纸。

3. 尝试用修一修的方法剪出外形，用剪下的碎纸做水果柄。探索用折叠修剪的方法剪出多个水果。

4. 对所选水果进行比较、涂色,使颜色更为接近,表现水果的新鲜。

(四)观赏交流

1. 用剪纸作品按水果的类别布置货架;

2. 扮演顾客挑一挑哪些水果最新鲜,将新鲜的水果放在竹盘中。

延伸:你们的眼睛真亮,把最新鲜的水果挑好了,剩下的水果我们下次再挑。

浅谈新时代中小学美育工作的价值逻辑与基于现状的策略探索

李志军

【摘　要】 中国特色社会主义进入新时达以来,以美育人,以文化人已成为国家意志的重大关切内容,各界对美育的重视也不断加强。随着国家及各地区关于加强学校美育教育系列政策性文件的出台,各地各校的美育工作取得了长足进步,松江区学校的美育工作也取得了一定的进展。本文分析了2020年松江区学校美育工作开展的背景、措施及其成效,并在此案例的基础上针对松江区普遍存在的美育师资力量缺乏、地方基层重视程度不够、针对美育的科研不足及美育开展不够全面等问题,提出进一步加强美育的建议,为松江区美育建设提供参考性示例及实用性意见。

【关键词】 美育评价;学校美育;新时代;艺术教育;探索

【作　者】 李志军,上海市松江区教育局副科长,一级教师

　　20世纪20年代,在国民生活水平、教育水平、经济水准还相对落后的近代中国,教育专家蔡元培就首次提出了"美育"的概念,指出美育之于社会、个人有"破人我之见,去利害得失之计较、陶养性灵,使之日进于高尚者"[①]的价值,并认为美育

---

① 蔡元培:《蔡元培文录》,商务印书馆2019年版,第155页。

是辅智育、图德育,贯穿各育,为塑造完整人格服务的重要教育。时代的车轮滚滚而过,转眼在一百年后国民经济和科技水平高速发展的今天,党带领我国顺利完成两个一百年任务,国民迈入新的阶段,社会主义进入新时代,习近平总书记强调"改进美育教学,提高学生审美和人文素养"①,明确美育应贯彻整个教育过程中,为青少年的发展提供助力。美学教育在培养学生欣赏美、鉴赏美的能力的过程中,对个体的品位乃至品格、修养都有着潜移默化的影响。这里所提到的品味,不仅仅是高雅,更是一种对世界万物的感知能力和对生命意义的认知。因此,在个体生命的各个阶段尤其是对价值观尚未成形的青少年阶段,意义至关重大。而在进入社会主义新时代、更加注重精神文明教育的今天,更应将美育作为一种基础元素,鼓励在任何活动和自然现象中发现美和艺术、感受美和艺术,乃至创造美和艺术。在教学活动中,也以教艺结合的方式,将艺术渗透学生学习的各个方面,为学生提供发展创造性、创新性思维、思辨能力以及交流、自我展示的机会。没有美的教育是不完整的,美育对于帮助塑造学生完整的人格,树立正确的人生观、价值观意义重大。故而在美学教育普遍欠缺且无法得到重视的背景下,贯彻实施"两办意见",对新时代推进艺术教育和美育工作,加强学校美学教育来说刻不容缓。

一、新时代实施美育的理论价值

美育作为一种古老的现象,在世界各地的文明史中都能窥其踪,有文明的地方就有美育,虽然古代没有成体系的美学教育,但当对古代的诗、词、歌、赋、画加以研读,可以发现其具有强烈的教育和教化色彩,从古老陈朴的竹简,乃至经过历史泥沙洗刷的壁画中,后人仿佛透过千年的光阴看到了原始初民们在诗歌乐舞中体会美、褪去原始野蛮,实现知识和道德的启蒙、慢慢接受教化,逐渐向文明进化的历程。此类以诗乐画施教的教育本质上是以德育为重心,经由美育施行。也就是以道德为核心,美育作为培育道德和完善道德的途径,并在艺术与美中涵养心性,传达积极的人生观、价值观,这种现象在市民社会兴起的近现代也俯拾皆是。

---

① 《坚持中国特色社会主义教育发展道路 培养德智体美劳全面发展的社会主义建设者和接班人》,载新华网,2021年1月5日。

然而如今我们谈论美育，又与传统社会的"文明教化""以美育德"差别迥异，现代美育是建立在美学基础上的学科，是丰富想象力和培养创新意识的教育，能提升审美素养、陶冶情操、温润心灵、激发创新创造活力。[1]

要做到以美育人、以文化人，学校美育可以说是当仁不让。学校美育作为培育学生的美商、提高情操陶冶与美好心灵的重要育人形式，在造就学生中国精神、塑造学生中国价值、培育学生文化自信方面有着特殊的功能，对国民文化自信精神培育具有至关重要的作用。文化自信是一种认知、一种情感、一种信念，培育学生的文化自信是学校美育的方向指南，也是学校美育的灵魂所在。美育活动因其潜移默化、润物无声的特点，在培养文化自信中具有独特的优势。学校美育旨在对学生进行教育的同时，揭示其背后负载的中国精神、中国价值、中国文化，由此增加学生的文化认知、文化体验、文化认同，[2]引领学生发展创造性、创新性思维、思辨能力，帮助塑造正确的价值观和健全的人格，继承和发扬优秀传统文化。

二、现有体系下松江区美育工作实施的探索

根据中共中央办公厅、国务院办公厅《关于全面加强和改进新时代学校美育工作的意见》和《中共中央国务院关于深化教育教学改革全面提高义务教育质量的意见》[3]，松江区教育局以松江悠久深厚的历史文化和艺术底蕴为基点，坚持继承与创新相结合，聚焦学生艺术素养的培育，坚持以美育人、以文化人为导向，全面推进素质教育的实施。

（一）对标对本，开齐开足美育课程

松江作为上海之根，拥有深厚的云间海派文化积淀，丰富的文化底蕴，也为教育资源的发掘提供了得天独厚的优势。2020年，全区83所中小学校均严格按照

---

[1] 陈丽能：《高等院校美术专业教育与美术素质教育互动策略研究》，载《浙江艺术职业学院学报》2010年第3期。

[2] 卫艳蕾：《学校美育中文化自信教育的内在逻辑与实现路径》，载《教学与管理》2021年第5期，第50—52页。

[3] 中共中央办公厅、国务院办公厅：《关于全面加强和改进新时代学校体育工作的意见》和《关于全面加强和改进新时代学校美育工作的意见》，2021年1月6日。

国办美育文件和教体艺〔2015〕5号文及音乐、艺术和书画等艺术课程标准，开足开齐艺术类基础课程，坚持全面普及艺术教育，实施艺术教育课程标准，不断深化音乐、美术、艺术和书画等艺术课程改革。各中小学不断挖掘区域资源，开设校本艺术课程，形成独具特色的校本课程体系，建立健全美育评价体系。小昆山学校的剪纸课、泗泾二小的面塑课、车墩学校的丝网版画课等都已颇有名气，松江区舞蹈联盟学校泗泾小学的"养正剧场"及非遗项目十锦细锣鼓、上海师范大学附属外国语中学的艺术拓展课程、松江四中、民乐学校、三新学校各类绘画社、舞蹈社、漫画社、声乐社、书法社、软陶社、管乐社等特色艺术社团也分别成为各校独特的艺术教育特色，营造与美同行的育人氛围，充分发挥艺术教育课堂主阵地作用，并在年度里取得了不错的成果。宏观上在构建"云间美育"等多元课程体系以及其在课程化、系列化发展的过程中，广大松江学子也能各自在学习、生活过程中感受中华文化的源远流长，培养审美情操，树立文化自信，继承和发扬优秀传统文化。

（二）搭建丰富活动平台，营造艺术文化环境

1. 区域舞台形成品牌

以青少年活动中心、梦想剧场为依托，开展各类展评及创新艺术活动，在活动中对活动内容、形式及美育评价机制不断加以完善和制新，加大培育特色与亮点的力度。在整体规划下，形成中小学生十大歌手、十大舞者、十大乐手系列赛，"才艺梦想秀"等十二大艺术教育品牌项目。其中每周开演的"才艺梦想秀"活动给有艺术才能的少年儿童们提供了一个展示和交流的舞台，也使每一所学校的艺术特色、艺术成果都有了得以展示和受到表彰的机会。

2020年6月至7月根据上级主管部门关于新冠肺炎疫情防控的相关工作要求，采用学校选拔推荐及区级线上评审相结合的方式进行，完成松江区艺术单项评比活动，共组织推荐1 000余人参与50余项艺术类别的线上比赛，最终共推荐40余人参加市级各项目的比拼。2020年3月至6月组织开展2020年松江区中小学抗击疫情优秀童谣征集、推广活动，共征集整理100首童谣并印刷成册，评选出一等奖、二等奖、三等奖分别10、20、30人，其中有3位同学、1位老师获得市级奖项。2020年3月至5月开展2020年松江区"戏曲进校园"云课堂活动。2020年开展上海市民文化节校园中华戏曲大赛松江区赛活动，并推荐15

位同学参加市级比赛。松江中小学师生在2020年上海市大中小学师生校园优秀篆刻作品评选展示中,经过多轮评审,过五关斩六将,最终经市艺教委篆刻专业组组织专家进行终评,我区共12位学生、4位老师获奖。为贯彻落实松江区"创全"要求,激发学生对传统文化的喜爱,教育局联合文旅局开展"戏曲进校园"云课堂展演活动,以传统、经典剧目为主,共推送6场专业演出,辐射学生近2万人。同时教育局联合文旅局开展"童画董其昌"松江区中小学生中国画展评活动,收集学生作品近500幅,最终遴选100幅优秀学生作品,"六一"期间在醉白池和董其昌书画馆进行展示。组织开展松江区学生书画作品比赛、松江区师生童谣创编推广活动、中小学生抗疫主题征文演讲活动、艺术单项比赛、校园中华戏曲大赛。开展了松江区中小学生彩泥创作赛,松江区中小学生超级景观秀比赛,"阳光天使杯"松江区学生艺术作品展等市、区各级各类艺术比赛。充分展示松江区艺术教育的累累硕果。通过美育评价机制,各校基本形成了艺术特色教育,学生综合艺术素养也有所提高。

2. 校园活动丰富多彩

各中小学职校充分发挥美育在学校整体发展过程中的作用。通过开展各类美育活动和评价,学生德智体美得以全面发展。设立校园文化艺术节,搭建各类学生展示舞台,开展艺术项目评比活动,给艺术特长的学生更多展示交流机会。注重校园文化氛围建设,利用校园环境、广播台、黑板报、宣传窗,打造各有特色的校园文化艺术环境,开展积极向上、趣味性强、丰富多彩的艺术文化活动,培育和提高学生对美的认知能力,培养学生的创造性、创新性思维、思辨能力,形成高雅的品位,树立正确的三观,塑造完整的人格,为学生的全面发展提供助力。

(三) 加强师资培养力度,提升专业发展潜能

1. 教师队伍现状

我区专兼任艺术教师1 153人,其中40岁以下902人占78%,中高级职称373人占32.4%,70.6%为专职艺术教师,本科及以上学历1 035人占89.8%。艺术教师总体学历高,年纪轻,结构分布合理,梯队发展态势良好。

2. 加强培养,提升专业

我们不断拓宽研训渠道,立足分层研训,完善美育评价,加强艺术教师专业素

质培养。对新晋教师、教研组长、骨干教师、学科中心组等进行分层培训,以及课堂教学的实战训练和科研课题,提高相关领域教师的科研能力和专业素养。由于疫情原因,教育学院研训部今年定期开展线上线下相结合的艺术课堂教学研讨,做好艺术教师培训工作,提升骨干教师与青年教师专业素养。2020年开展各类艺术教师研训活动近50次。市级线上展示活动1次,叶榭学校市级课题《沪郊乡镇小学丁笛进课堂的教学策略与教材建设实践研究》顺利结题。2020年艺术教师参加区级以上培训632人、艺术教师受区级以上表彰177人。

（四）加强条件保障机制,确保艺术教育实施

进一步贯彻落实政策执行的主导作用、最大化发挥政策资源效用,从各个层面出发,加强政策保障机制,给予各层面的执行者明晰的操作思路与方法。实施实践活动课程化绩效管理,在学校美育课程开齐开足的基础上,以"学校少年宫""艺术六大联盟""学生五大艺术团""学生艺术展演活动"等项目撬动区域艺术一条龙布局。

1. 设备设施保障

83所学校均配置艺术教育器材,器材达标学校100%。做到全区所有学校都配有美术、声乐等美学教育专用教室,共445间,并且各校努力建设学校剧场等艺术教育场所。

2. 专项资金投入

不断加大艺术教育年度专项投入,2020年对全区艺术教育及活动投入共计1 499万元,比上年增长30%。

3. 艺术专项管理

教育学院有3位教研员指导艺术教育教学工作,青少年活动中心有29位艺术专业教师,各校共有198名中层和校级领导分管学校艺术工作,基本形成区域分管艺术教育管理工作网络。

4. 明确管理办法

编制《松江区学校艺术工作指导手册》并印发给全区中小学及中职校,对基层学校艺术工作和管理加以指导和规范。明确松江区学校艺术教育工作办法,定期开展研讨汇报工作,发现问题及时处理,做到有的放矢,以及梳理艺术赛事名单。

(五)推进区域重点项目,实现教育资源共享

教育局与文广局签署"文教结合"合作协议,统筹社会艺术教育资源,打通文教的壁垒,使美育推广涉及更多人和单位。

1. 推进"非遗"进校园

我区现有国家级、市级及区级非遗项目分别3项、6项、10项。为进行美学教育,传承中华文化,提供了极大的帮助,通过进行非遗项目展览、展示、展演活动,让学生了解、欣赏、继承和发扬优秀传统文化。目前我区共设有培训点(学校)34个,培训项目38个。

2. 推进书法进校园

松江书画渊源深厚,曾出现了二陆、董其昌、程十发等一批书画大师。目前全区的书法实验学校、上海市书法示范学校、上海市书法实验学校分别有4所、1所和13所。

3. 推进戏曲进校园

弘扬中华优秀传统文化,推动戏曲传承发展,松江区教育局和松江区文化旅游局联合推进"戏曲进校园"工程,2020年4月启动"戏曲进校园"云课堂工作,为全区中小学开展沪剧、越剧、黄梅戏等剧种的展演,让中小学生在戏曲观赏、学习过程中发现美、欣赏美,体会中华文化的博大精深和源远流长,目前我区已经布点13所学校为戏曲试点学校。

4. 支持文艺创作进校园

开展校园原创文艺创作,鼓励全体师生参与,并将优秀作品加以表彰和展示。华实初中的原创音乐剧目前已创作了8部,并获评国家级教学成果一等奖。上海市西外外国语学校根据松江原创儿童音乐剧《公鸡下蛋》进行改编,并在上海话剧艺术中心进行表演,更多的师生也已加入文艺创作的队伍中,创作的内容丰富多彩,创作的载体形式多样。同时上海市松江区儿童青少年戏剧家协会也正在筹建中。

(六)打造各具特色的宫校联盟

除了课程体系之外,我们也十分重视艺术社团以及少年宫的建设。目的在于为高素质、高水平、有艺术天赋的中小学生艺术人才提供一个更广阔的学习交流平

台,也利用少年宫的社团辐射力,提升全区中小学生的艺术素养。

在疫情常态化背景下,少年宫线上线下相结合,有的放矢地组织相关活动。2020年6月开展了"云上学校少年宫,快乐暑期伴我行"2020年上海市学校少年宫暑期优秀网络课程征集评选网上集中展示体验活动,从文体、技能和实践三大类中共征集20个视(音)频活动资源包,市联盟将在"云上学校少年宫"活动平台上展示。同时,利用松江教育官微在暑期对16所学校少年宫录制的20个视(音)频活动资源包分8批次进行宣传。8月份松江融媒体再次对这些优质课程进行了推送。

在我区义务教育阶段公办学校校级少年宫全覆盖的基础上,每年新增区级学校少年宫3~5所,将少年宫打造成未成年人思想道德建设的阵地、文化活动的平台和科普活动的场所。

2021年松江区美育工作将继续推进中小学以中西器乐、合唱、舞蹈、戏剧、美术为重点,以本区丰富非遗、中华传统及海派文化为推进项目的"5+X"艺术"一条龙"项目布局,形成以5个重点项目为主,若干个推进项目为辅的"5+X"学校艺术项目布局结构,做到师资队伍一条龙、教学研修一条龙、场地设施一条龙、竞赛展演一条龙和素质评价一条龙的布局内容,增加高中项目布局,促进高中阶段学生培养2~3项艺术爱好和艺术特长,并做好全区初中学校布局的准备和调研工作,充分调动中小学积极性,为学生持续参加艺术活动创造条件。继续推进中小学校艺术联盟建设,发挥现有联盟辐射作用的同时继续做好联盟的成员发展,整合形成各项目"一条龙"建设单位。开展好松江区中小学彩泥创作比赛、"阳光天使杯"松江区学生艺术作品展、松江区中小幼艺术单项比赛等各级各类艺术赛事、展演等活动,并进一步完善艺术赛事体系。继续做好2021年松江区学校艺术教育发展年度报告工作,继续推进艺术进校园、历史文化进校园、书法进校园等活动的开展,继续推进学校少年宫建设项目。坚持以德树人,促进全面发展、完善创新培养机制、加强资源整合,各方合力推进的建设原则,为云间学子搭建更广阔的舞台,不断丰富云间美育文化内涵,建设美好高尚的精神乐园,让云间充满和美新希望。

三、美育工作实施过程中存在的问题及对策思考

即使近年来松江区美育在各方推动、关注、支持下,取得了一定的进步,但

是大环境下美育仍是目前基础教育中相对薄弱的环节,特别是在师资力量、基层学校重视度、美育教学的全面性以及专业教师的科研能力等方面都有所欠缺。

(一)学校艺术师资队伍需不断补充,加强建设

基层学校普遍缺乏美育师资,师者作为传道授业解惑的"园丁",对学生的影响尤其是对生理、心理发育尚显幼稚的少年儿童来说,无疑是巨大的,师资力量对于一个学校的教学质量和教学水平也是尤为重要的,目前大环境下,教师美育专业技能水平因缺乏培训和考察而参差不齐,因此今后需要不断引进、补充高素质专业人才。

(二)基层学校对美育课程重视度亟待提高

基层学校对学校美育课程不甚重视,很多地方甚至出现音乐、美术、体育等课程为"主课程"让位的情况,对此学校应将美育课程同样纳入教学评价,建立专业办公室,规范教学管理,完善制度保障,落实美育教学。加强领导,精心组织,统筹安排,狠抓落实,加大交流力度,及时总结并推广其典型经验,及时发现问题,不断改进学校美育工作。

(三)学校美育教育的全面性体现不足

美育作为情感教育应潜移默化地融会于所有学科、周边环境之中,达到润物无声的目的,目前学校美育的全面性还不够,应下力气探索与研究,利用课堂教学全面挖掘学生美育素养的新机制、新方法,从而提高全体学生的美育素养。可以在更多方面以更加多样的方式进行,除了国家规定的美术、音乐之外,学校也应利用一切可以利用的资源,与单位、公司、社区等合作,把环境育人落到实处,打造优美和谐文明向上的文化氛围。

(四)艺术教师的教育科研能力有待提高

美育学科在我国属于一个较为年轻的学科,相关的学科研究也处于初步阶段,未能有效建立美育教学体系,无论是创新性研究抑或是美育相关成果更是寥寥。

文教结合的观念也处于浅表,专业教师的教学科研能力普遍不足,故应在进修与培训中进一步加强教育教学研究,不断提高理论水平和专业理解。加强培训,定期交流,建立考核评优制,引导教师不断学习、创新,将美育贯穿到教学的方方面面。

践行学校美育工作,培育明德懿行翘楚

——"造物空间"陶艺课程的实践与探索

吴颉依

> 【摘 要】 美育即美感教育、审美教育,是促进学生全面而有个性化发展不可或缺的重要组成部分。时代的进步证明,人的发展才是国家发展的硬条件。为了适应社会发展趋势,培养具有综合能力的复合型人才是这个新的时代对学校育人提出的要求。在国家基础课程和特色校本课程并行的大环境下,笔者尝试通过构建陶艺课程,积极探索初中陶艺教学的有效机制,为基于核心素养下陶艺美育课程转型提出新思考。
>
> 【关键词】 陶艺课程;核心素养;教学实践
>
> 【作 者】 吴颉依,上海市教育学会青浦清河湾中学二级教师

一、研究的背景与缘起

20世纪90年代后期,江西省专员丁福仁带领景德镇各研究所、艺术瓷厂有关人员在上海成立了上海市中小学陶艺教育中心,开展了陶艺教育。中国工艺美术大师刘远长在政协会上提议,要让中华民族的陶瓷艺术后继有人,建议将陶艺引入中小学课堂,作为素质教育的载体。目前上海在市教委教研室的带领下,全市16

个区共近 150 多所中小学、幼儿园、校外教育机构开展了陶艺教育。社会对陶艺教育的重视度越来越高,它作为学校美育中不可或缺的一部分,对于提升学生的核心素养有着不可估量的作用。

反观当下我国开展的陶艺教育,虽然形式多样,但活动缺乏体系、过于注重技能的培养与制作过程的体验,缺少陶艺教育的深度与对学生核心素养的培养。因此笔者以提升学生核心素养为目标导向,借鉴先进教育教学理论,结合自身教学实践研究,挖掘学生的潜能、引导学生全面发展,为培养明德懿行翘楚打下坚实的基础。

二、当代艺术教育思潮及启示

(一)项目式学习教育思潮及启示

1. 项目式学习教育思潮

1918 年 9 月,美国教育家克伯屈首次在《项目教学法:在教育过程中有目的活动的应用》中提出项目式学习的概念。项目式学习是指学生以小组为单位,在一段时间内,通过对真实的、有挑战性的问题开展持续性研究,对核心知识进行内化与再建构,增强思维迁移能力,最后形成公开可见的成果。①

项目式学习强调的是教师要学会统整知识并形成项目,这个知识包括单一学科或跨学科的知识,并在真实的情境下,学生以小组协作的方式自主学习与探究。项目式学习具有如下特点:

(1) 学生始终处于学习的中心位置,教师以多样化的指导策略支持各种学习风格。项目式学习是以建构主义理论为核心,强调由学生自主参与项目、自主发现问题、设计问题的解决方案等,并以小组为单位完成项目的研究。

(2) 关注学习目的,基于课程标准,与真实世界有联系,思维技能整合于项目学习。项目所涉及的知识可能源于多门学科,因此基于问题的真实性、情境性与复杂性,学生需要形成清晰的知识结构,实现知识的有效迁移与再建构。

(3) 由框架问题驱动,含有相互关联并能持续一段时间的学习任务和学习活

---

① 周业虹:《实施项目式学习》,《发展学科核心素养》,人民教育出版社 2018 年版,第 1—46 页。

动。项目式学习指向真实而有挑战性的问题,是持续地探究与实践,由高阶驱动低阶的学习。

(4)通过个性化、多样化的形式展现一段时间的研究成果,展示学习到的知识与技能。项目式学习以小组为单位,形成公开可见的成果,这既是学生研究的成果,又是评价的依据之一。①

2. 项目式学习教育思潮对本研究的启示

传统课堂中主要通过先学习再练习或考试来检测学生是否掌握这一知识、掌握得怎么样。而项目式学习的课堂,教师通过一个贴近学生学习与生活的问题,明确研究的项目,并提出一系列驱动性问题,在研究的过程中通过科学的量规进行多维度的评价,让学生从一始终,在学习的过程中根据学习标准要求自己,让学习真正发生。项目式学习是提升学生核心素养的重要途径之一。②③

(二) STEAM 理论教育思潮及启示

1. STEAM 理论教育思潮

STEAM 教育理念有别于以往学科本位、知识本位的教育理念,未来社会对人才的要求是要具备多种能力的、综合发展的,而 STEAM 教育融合了科学、技术工程、艺术与数学,是综合性的教育,对于人才的培养具有一定的启示。

美国是 STEAM 教育的发源地,中国、日本、韩国、英国等国家也相继开展了研究与实践,取得了一定的成效。STEAM 教育的发展经历了三个阶段,即 STS、STEM 以及如今的 STEAM。"首先,STEAM 是分科的,它分为科学(Science)、工程(Technology)、技术(Engineering)、艺术(Art)以及数学(Mathematics)。其次,STEAM 又是整合的。最后,STEAM 还具有延伸性与拓展性。"④

2. STEAM 理论教育思潮对本研究的启示

将 STEAM 理论引入初中教育中,除了是教育改革的迫切需要,更是培养与提

---

① 夏雪梅:《项目化学习设计:学习素养视角下的国际与本土实践》,教育科学出版社 2018 年版,第 32—122 页。
② 崔允漷:《核心素养研究》,华东师范大学出版社 2018 年版,第 2—65 页。
③ 尹少淳:《从核心素养到美术学科核心素养》,载《美术观察》2017 年第 4 期,第 5—7 页。
④ [美]罗伯特·M·卡普拉罗、玛丽·玛格丽特·卡普拉罗、詹姆斯·R·摩根:《基于项目的 STEM 学习:一种整合科学、技术、工程和数学的学习方式》,上海科技教育出版社 2016 年版,第 5 页。

升初中学生核心素养的有力助手。在初中陶艺校本课程教学实践中学习与借鉴 STEAM 教育理论的优势在于：

(1) STEAM 教育主张在"做中学"，将知识技能运用到实际操作中，通过动手实验进行探究学习。陶艺本身就是一门实践性非常强的课程，有助于培养与提升学生的逻辑思维与实践创新能力。

(2) 一件陶瓷作品的创作过程本身就蕴含了多门学科的智慧，STEAM 教育有助于激发学生的跨学科探究意识、有利于培养复合型人才。①

(三) 深度学习理论教育思潮及启示

1. 深度学习理论教育思潮

2006 年，杰弗里·辛顿、约书亚·本吉奥与杨立昆提出了"深度学习"这一概念。深度学习强调：在学习的过程中学生不是自学，而是需要教师的引导与帮助，学生进行主动的学习活动；深度学习的内容是有意义的且具有挑战性的；深度学习的最终目的是指向"立德树人"的，培养具有创造性、批判性、合作能力等综合素质的未来人才。②

2. 深度学习理论教育思潮对本研究的启示

蒂姆·库克说："我不担心机器会像人一样思考，我担心的是人会像机器一样思考。"根据对"深度学习"理论的学习，笔者对教师存在的价值有了新的认识：学生能否深度学习很大程度上取决于教师的能力水平和教学意识，这两者是相辅相成、相互促进的。当今社会，教师的任务不再是"传道、受业、解惑"，而是激发学生持久的学习兴趣，开发学生的潜能，综合培养学生的能力、树立正确的三观。在教学过程中，教师要注重创设真实的情境，注重课堂的互动，注重学生学习的过程，特别是学生思路形成的过程。③④

---

① 罗伯特·M·卡普拉罗、玛丽·玛格丽特·卡普拉罗、摩根：《基于项目的 STEM 学习：一种整合科学、技术、工程和数学的学习方式》，上海科技教育出版社 2016 年版，第 1—5 页。
② 田慧生、刘月霞：《深度学习：走向核心素养》，教育科学出版社 2018 年版，第 33 页。
③ 李东：《深度学习：走向核心素养》，教育科学出版社 2018 年版，第 3—109 页。
④ [美] 埃里克·詹森、利恩·尼克尔森：《深度学习的 7 种有利策略》，温暖译，华东师范大学出版社 2010 年版，第 1—56 页。

三、"造物空间"陶艺课程的实践与探索

上海市教育学会青浦清河湾中学创办于2017年,是"上海市清河湾教育实验园区"内一所新建的公办初中,是青浦区教育综合改革项目试点学校。学校践行美育工作,以"厚植优秀传统文化,培养具有国际视野的现代中国人"为办学目标,全力打造优质、高效、和谐的教育环境。

我校"造物空间"陶艺课程以"建环境""构活动""创课程"三位一体的育人模式,营造环境育人、活动育人以及课程育人的氛围,挖掘陶艺的育人潜力。

(一)建设和谐雅致校园,培育学生审美视野(环境育人)

浓郁的古韵今风、浓厚的文化积淀、雅致的学习环境、和谐的学习氛围,都会对学生产生润物细无声的作用。环境,是"化人""育人"的重要途径。

清河园、人文院中的大瓷瓶、荷花缸;梅花厅的12生肖浮雕;每一楼层电梯口的"记住乡愁"系列作品;艺术长廊的学生陶瓷作品等悄然绽放。另外,学校还配有一间陶艺教室、两间窑炉房、一间拉坯教室及一间材料准备室。这都为学生学习陶艺打下坚实基础。

图 1 清河园、人文院——瓷瓶、花缸

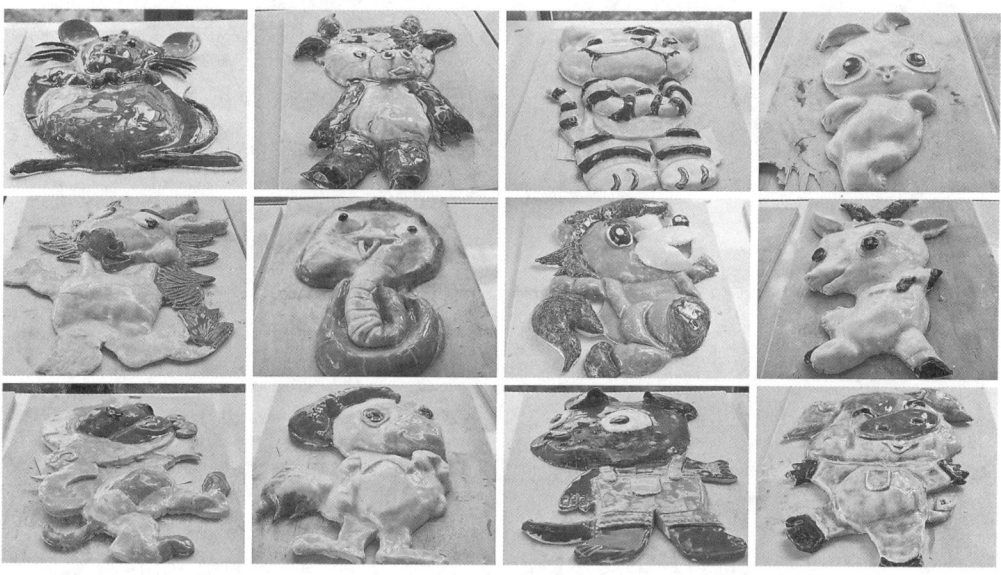

图 2 梅花厅——十二生肖墙上浮雕

图 3 记住乡愁系列作品

(二) 构建陶艺探究课程,提升学生核心素养(课程育人)

1."造物空间"陶艺课程的教学理念

教育部于 2014 年颁布的《关于深化课程改革落实立德树人根本任务的意见》中提出,核心素养是学生终身发展与适应社会应具备的素养。十八大提出的党的教育方针指出,要培养全面发展的人。国家教育部颁布的《普通高中美术课程标准(2017 年版)》总目标也指出要引导学生自主探究、合作学习,在真实的情境中发现、提出、分析和解决问题,综合运用美术及跨学科的知识技能来解决问题。

可见,陶艺教育不应该止步于知识的掌握和标准化考试的验证,而更应该思考如何更好地支持学生发展成未来社会所需要的主动而极具创意的问题解决型人才。陶艺课程不是为了培养学生会做一个器物、成为陶艺家,而是引导学生能像"艺术家一样思考与学习"! 贝蒂·艾德华说艺术家创造的过程可以分成 5 个阶段: 初步灵感、累积、孵化、启发和验证。学生如果能像艺术家一样思考与学习,那么他们一定是注重观察生活的人,能够从生活中汲取灵感,具有整合归纳的能力,能够用自己的思维方式进行分析和探索,并进行自我表达和理念传递。因此能像艺术家一样思考与学习的学生也就具备了核心素养。①

2. "造物空间"陶艺课程的课程架构

在"十三五"课题的引领下,本校针对六、七年级学生开展了"造物空间"陶艺探究性课程,全面普及我国优秀传统文化;每周三的"造物空间——壶的艺术"陶艺自主性课程,横向拓宽,让兴趣浓厚的学生丰富对于陶艺的认识;每周五的"造物空间——釉彩艺术"陶艺社团课,纵向拔高,进一步学习。

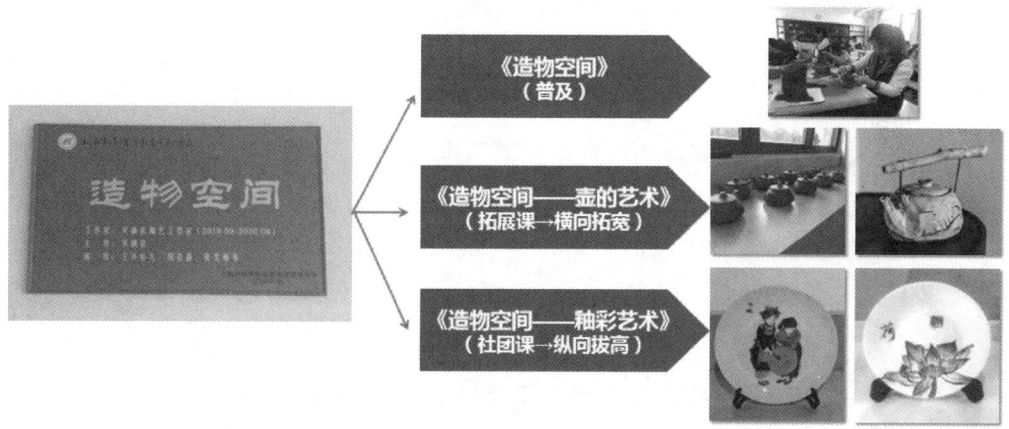

图4 "造物空间"陶艺课程架构

3. "造物空间"陶艺课程的实施策略

(1) 注重学习情境

顾泠沅老师曾总结出提高教学质量的四条教学原理,其中就有一条是情意原理。知识都是在现实世界里总结而来的,学生的真实感受与体验是可以内化为可应用的知识的。除此之外还应基于现实世界中的真实问题的解决,帮助学生提高学习兴趣,明晰为什么学?怎么学?从而检测自己学得如何?

(2) 注重学习过程

当今学生学习压力越来越大,学生总说各个学科的知识应接不暇,这很大程度

---

① 威尔·贡培兹:《像艺术家一样思考——BBC主编的艺术启蒙课》,湖南美术出版社2019年版,第1—21页。

上是由于学生不会自主建立各学科间的联系,构建学科间的知识网。陶艺本身就是一门综合艺术,借助于这先天优势,我们可以通过课程让各学科的知识树通过桥梁在学生脑海里形成一个完整的知识体系。布鲁纳认为:"认知是一个过程,而不是一个结果。"学得怎么样固然重要,但更重要的是学生怎么学。教师的最大作用是帮助学生搭建脚手架,使学生跃过最近发展区,培养高阶思维。

(3) 注重学习评价

根据加德纳的多元智能理论,我们要全面地看待和评价学生,学生在发展这八种智能时的速度、程度是存在一定差异的,因此教师要学会分层教育与评价,使学生在最适合的学习环境下谋求最大化的提升与发展。①

(三) 开展校内校外活动,厚植学生家国情怀(活动育人)

为了培养"具有国际视野的现代中国人",本校充分发掘学校、社区等资源,开展校内外丰富的陶艺主题活动:暑期中带领学生研究陶瓷小课题;与书法、语文老师合作,带领学生开展"陶瓷活字印刷探究活动";把大师请进来,开展了制作茶壶、抗疫主题、庆祝建党周年主题等创作活动。扎根校园,更走出校园,带领学生走进可·美术馆,品位高雅艺术;开展"记住乡愁"系列活动,带领学生走进商榻、白鹤,感受故乡事、乡下景、农家乐,再用文字、画卷、陶艺作品等形式记录、表达自己的感受。

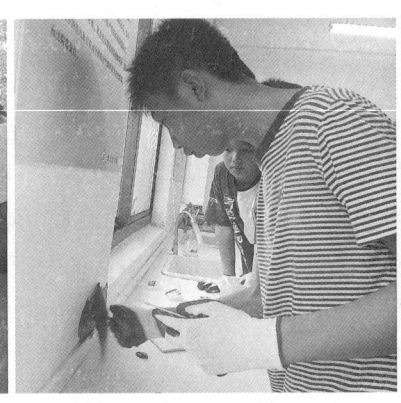

图 5　暑期陶艺课题研究

---

① 霍德华·加德纳:《艺术·心理·创造力》,人民大学出版社 2008 年版,第 1—56 页。

图 6　陶瓷活字印刷

图 7　茶壶制作

图 8　战疫主题作品创作

图 9　庆祝建党周年主题作品创作

图 10　参观可·美术馆

图 11 "记住乡愁"活动

四、小荷才露尖尖角——"造物空间"陶艺课程的成果

一分耕耘,一分收获。建校以来,我校在践行学校美育工作中理念先行、以学生为本、整体布局、精心设计、倾心打造,校园整体风貌和谐雅致,教师活动组织、课程开发的能力得到提升,育人观发生深刻变化;学生不仅丰富了自身的审美体验,更在学习与探索的过程中促进了人格发展。

（一）学校层面

2017年本校有幸成为上海市陶艺实验学校。经过4年的实践研究,更加证实了陶艺课程在提升学生美育、培养学生核心素养中的重要性,这更加使本校坚定开展陶艺教学的步伐。

（二）学生层面

学生学习陶艺兴趣浓厚,多次参加区级、市级及全国陶艺比赛,50余名学生收获不错的成绩,其中还有不少作品被中国美术家协会少儿美术艺委会所收藏,学生的作品也刊登在《中国陶瓷家》杂志上。通过前期、中期、后期对学生进行问卷调查、访谈、课堂表现、作品对比分析等,可以发现,学生自主构建知识体系,建立学习经验。学生通过自主收集资料、提出问题与解决的对策,通过多次实验,总结经验,提出解决方法,让学习真正发生,促进学生的核心素养。

(三) 教师层面

在学校的引领、专家的指导下,通过聆听各类的讲座、学习紫砂壶的制作与拉坯的技法等,教师的专业理论知识得到了丰富,实践能力也得到了提升,以点带面带动其他专业的教师制作十二生肖浮雕、尝试开展活字印刷、江南水乡沙盘制作的项目。教师团队的追求卓越、合作研究引领学生的制作技艺和创新意识,在此次课题的研究过程中得到了质的提升。

(四) 家长层面

经过两年的学习,学生兴趣高涨,他们利用寒暑假教师在学校值班的时间,主动提出来校进行小课题的探究,家长也十分支持,推掉了学生的补课班,无论严寒还是酷暑,都会把学生送来学校。

(五) 社会层面

温州绣山中学教育代表团、徐汇区中国中学领导、上海师范大学重庆江北区校长及培训班学员等来我校参观融合江南园林艺术与现代陶艺教学理念的校园文化建设。粤沪陶艺教育交流会、2021年青浦区学生陶艺专场活动及2021年青浦区中小学艺术教育成果展示活动在我校顺利举办。在陶艺特色项目课程化的推动过程中,我校的陶艺校本课程的实施与办学成果得到了区内领导、兄弟学校等的认可与赞赏。

五、后续发展思考

通过学校美育创建工作实践,我们深感只有坚定信念,务实创新,学生为本,才是做好创建工作的必要条件。今后我们将在学习中探索实践,继续做好学校环境和与学生教育的高度融合、学校活动与文化营造紧密结合,通过陶艺课程建设使得学校美育常态化。同时学习先进的理论和先进的经验,坚持实践创新,使学校美育更加实效,实现可操作、可量化。与时俱进让学校美育更富有时代感和生命力。

基于体态律动的小学低年级歌唱学习方式变革课例研究

韦勇军

【摘　要】 体态律动融入小学低年级歌唱教学课例研究与效果的反思，提炼出小学低年级歌唱学习方式变革的主要操作方法。研究包括，学生即时反应练习，学生节奏和节拍练习，学生力度、速度、音高及乐句练习等体态律动课例等。总结基于体态律动的小学低年级歌唱学习方式的变革主要有三种，即从单一模仿变为多感官运用、从被动接受变为主动参与、从个体孤立变为团体合作。

【关键词】 体态律动；歌唱教学；学习方式

【作　者】 韦勇军，上海市闵行区君莲学校一级教师

一、背景与依据

小学音乐课堂教学要遵循儿童音乐本能发展的科学规律。在实际的小学音乐学科教学过程中，音乐课堂依旧存在填鸭式教学、忽视小学生身心发展特点、教学方式单一、学生学习兴趣不高等问题。低年级学生注意力范围较小，注意力不集中、不稳定，对生动、形象的事物感兴趣，想象力丰富，好奇心强，乐于提问、喜欢模

仿。因此,教师在音乐教学设计时,要关注学习内容的趣味性、使学习活动游戏化,让学生可以多种感官参与学习过程中,在音乐课堂上真正"动起来",获得快乐的情绪体验以及音乐技能的发展。[1]

体态律动是将动作和音乐融合的教育方法,是由瑞士的音乐教育家埃米尔·雅克·达尔克罗兹最早提出的。体态律动在《教育大辞典》中被命名为"体态律动学",原是专业音乐教育中的一门培养音乐乐感的课程,现在被大量运用在幼儿和青少年的普通音乐教育中,是人体随着音乐节奏、旋律等做各种有规律的、协调的、一系列的身体动作,旨在唤起人的音乐本能。对音乐的理解是一种情感过程,体态律动在培养学生四肢协调的同时,更应关注"听觉与行为""身体与精神"的统一。[2] 在律动教学中,遵循儿童自然发展原则与实际能力,设计适合的动作,培养学生的运动与情感思维能力。在启发学生感受体验与音乐表现的同时,注重学生全面、均衡发展。体态律动就是让孩子用自己的身体语言,体验、参与、实践音乐。

体态律动融入音乐学习是落实九年义务教育音乐课程标准的需要。《义务教育音乐课程标准(2011年版)》提出"利用一、二年级学生以形象思维为主等特点,……进行直观教学。一、二年级学生在感受与欣赏学习中,体验不同的情绪音乐,……做出体态反应"。[3] 将体态律动元素融入小学低年级音乐学习中,如演唱、演奏、综合性艺术表演、识读乐谱等过程,使学生全身心、全感官进行音乐学习,更深入地理解音乐知识,感受音乐元素,体验音乐活动。

二、研究目的

(一)通过分析小学低年级音乐学习的实践情况,发现并总结小学低年级音乐教学中存在的问题,探究体态律动方法在小学低学段运用的必要性。

(二)通过开展文献研究、问卷调查,了解体态律动方法在小学低学段运用的

---

[1] 安笑:《小学低年级音乐课中歌唱教学的现状研究》,宁夏大学,2017年4月。
[2] 李茉:《体态律动音乐教学体系对传统教法的革新与发展》,《全球教育展望》,2018年第4期。
[3] 中华人民共和国教育部:《义务教育音乐课程标准(2011年版)》,北京师范大学出版社2012年版。

基础条件，分析教师基于体态律动进行音乐课教学设计的可行性，并根据实际课堂需求提供的专业指导和保障。

（三）通过课例研究，挖掘体态律动教学实施的有效方法，为改进小学低年级音乐教学策略与方法，提供可借鉴的案例与相应的建议。

（四）通过系列课题研究、专业培训和教研活动，探索教师在课堂中进行本土化尝试的方法，提升教师的专业素养及教学效果。

三、研究方法

（一）文献研究法

通过对文献著述及期刊的查阅，了解小学低年级歌唱教学及体态律动的方法，并对其进行归纳、分类、梳理。

（二）课例研究法

在实践中通过对歌唱教学情况进行归纳总结，发现问题，并针对实际情况采用课例研究法进行深入的探究。在小学低年级歌唱教学实践中，课例内容分为三个方面：① 学生即时反应练习；② 节奏和节拍练习；③ 力度、速度、音高及乐句练习。[①]

首先，通过改变教学策略，将体态律动融入歌唱学习方法中。其次，在课堂中对学习情况进行记录，课后深入分析与研究，提炼典型案例。最后，对学习课例进行归纳、分析，得出较为全面的结论。

四、研究内容与过程

（一）研究过程

通过持续的体态律动教学法专业理论学习，提升教师的专业技能与音乐理论

---

① 缪力：《体态律动课例》，人民音乐出版社 2003 年版。

素养。参与本项目的教师从 2017 年开始连续 3 年参加国内外专家的达尔克罗兹体态律动法培训。

教师们通过课堂实践研究、教学观摩与研讨活动,积累基于体态律动的音乐教学课例,提炼出典型案例。聚焦于学生音乐元素的学习及音乐能力的培养,在小学低年级的音乐课上开展音乐课例实践和教学研讨。对日常积累下来课例进行归纳,对课堂教学效果和学生学习效果进行分析,挖掘体态律动教学实施的有效方法,提出更符合小学低年级学生心理和生理特点,更能够体现课改精神的音乐教学策略与方法。

(二)研究内容

1. 运用"体态律动"改进音乐教学模式

将达尔克罗兹音乐教育理念和体态律动方法融入小学音乐学习内容,进行多样音乐活动设计,优化教学策略与方法,营造更加有趣的音乐课堂氛围,培养学生的音乐乐感及肢体反应能力,唤醒学生潜在的音乐本能。

2. 运用"体态律动"提升学生歌唱能力

通过有趣的小组合作、音乐游戏、律动等形式,启发、引导学生主动探索科学的歌唱方法及作品所包含的音乐要素,体会歌曲演唱的情绪要求,表现歌曲意境。在歌唱学习中运用"体态律动"进行学生即时反应练习,节奏和节拍练习,速度、音高及乐句练习,哼唱歌曲旋律、理解歌词含义、欣赏乐曲练习,通过趣味练声等游戏方法培养学生聆听和身体律动相协调的能力,提升学生节拍感知能力、音乐结构感和歌曲综合表现力。

五、结果与分析

小学低年级歌唱教学课与器乐教学课、欣赏教学课及综合课相比,教学内容多、学生容易理解,也更受欢迎。但在实际教学中,仍存在灌输式教学,教授形式单一、枯燥,课堂索然无趣等现象。应当遵循低年级学生生理和心理特征,改变传统的学习方式,融入体态律动方法,增强音乐教学体验,提高学生的歌唱能力,实现教学目标。

（一）学理分析：小学低年级歌唱学习方式选择的依据

1. 学习方式要符合其生理、心理发展特点

6—8岁的学生，声带很柔弱，嗓音稚嫩、清脆，声调比成人高。但儿童自然音域较窄，声带容易疲劳，单一地进行声音训练，会对儿童的嗓音造成不良影响，甚至是损伤声带。同时，小学低年级的学生好奇心强，注意力范围较小，并且注意力不集中，想象力丰富，乐于求问，模仿能力强。① 因此，教师在设计歌唱教学内容时，要引导学生主动参与，注意学习方法的趣味性，激发其学习兴趣，让学生在轻松、自然的学习环境中学习知识，通过多感官参与和游戏活动，获得快乐的良好情绪体验。

2. 学习方式要遵循课程目标要求

在小学低年级歌唱学习中，要以节奏训练为主，唱游结合，通过身体律动，培养音乐的内心听觉，提高音乐敏锐力，让学生自然歌唱，增强音乐表现力，感受音乐的快乐。《义务教育音乐课程标准（2011年版）》提出"利用一、二年级学生以形象思维为主等特点，……能够自然流露出相应的表情或做出体态反应"。

3. 体态律动融入歌唱学习是将动作和音乐相融合

体态律动强调以学生的亲身体验形成音乐意识，把聆听和身体律动结合在一起，把歌唱和身体律动结合在一起，其目的是激发学生鲜活的声音感觉，唤起音乐感受和音乐表现力。

体态律动学习有助于培养学生内在的音乐感觉，及耳、眼、身体、大脑之间灵活配合的能力，培养学生大量储存由听觉和动觉所获得的信息能力②。在小学低年级学生歌唱学习中融入体态律动方法，符合学生的身心发展规律，是变革歌唱学习方式、提高学习效率的一个可行性方法。

（二）课例研究：体态律动融入小学低年级歌唱学习方法

在小学低年级歌唱教学实践中，将课例内容分为3个方面：(1) 学生即时反应练习；(2) 节奏和节拍练习；(3) 速度、音高及乐句练习。教师在教学设计时，应将

---

① 安笑：《小学低年级音乐课中歌唱教学的现状研究》，宁夏大学硕士论文，2017年4月。
② 杨立民、蔡觉民：《达尔克鲁兹音乐教学理论与实践》，上海音乐出版社2000年版。

体态律动融入学生歌唱学习方法中,并在课堂上对学习效果进行观察,课后及时进行分析和反思。

1. 即时反应练习

对学生进行即时反应训练,播放声音,当学生听见后,立即做出某种反应动作。例如,学生听着音乐走,音乐停顿迅速停止,并摆好一个动作等。

(1) 即时反应练习方法

《上学歌》可采用体态律动中的即时反应练习,进行歌曲学习。学生跟着教师弹奏的歌曲旋律节奏或者范唱拍手打节拍,音乐持续不断,反复进行。音乐停止时,学生应该立即停止拍手,全体学生保持静止状态。音乐又开始时,应立刻开始跟着节拍继续拍手。这样反复练习,直到所有学生都能跟着节拍准确拍手,并且随时开始和停止。在学生跟着音乐节拍的能力得到巩固后,还可以让学生在教室里自由散开,跟着歌曲节奏自由行走,当音乐停止时,学生立即停止;当听到音乐再开始时,立刻继续行走。学生在拍手与走走停停的身体活动中,对歌曲的旋律更加熟悉,仔细聆听及快速反应的能力得到提高。也在这样的反复聆听和打节拍中,学会歌曲,并记住歌词。

《我们爱国旗》是一首进行曲风格的歌曲。可采用变换方向的行走活动,让学生进行歌曲学习。全体学生站成一个圆圈,教师边演唱歌曲边用鼓伴奏,学生随着教师的歌声及鼓的伴奏声向前走,当听到强的鼓声时,由向前走变为向后走;当再次听到强的音时,再由向后走变为向前走。培养学生在听到强音时,及时做出反应、改变行进的方向,以提高学生对音乐的感受力和反应能力,培养学生的节奏感,感受与认识不规则的强音和有规则的重音。

(2) 培养学生聆听习惯和快速反应能力

小学低年级的大多数歌曲都可以结合即时反应练习进行学习,让学生在身体律动中感受歌曲的节奏、旋律及情绪等。学生在体态律动的游戏中,主动参与课堂学习,激发了创编动作的意识。即时反应练习为学生的节奏、节拍、乐句、音高等音乐元素的学习奠定了良好的基础,对培养学生的时长、强弱、快慢等感觉能力起到了很好的效果,同时提升注意力和反应能力。

2. 节奏、节拍练习

在小学低年级歌曲学习中节拍的感知是重要的学习内容,让学生直接回答或者告诉学生歌曲是几拍子,不如让他们在律动中感知和体验节拍。

(1) 节奏、节拍练习方法

《大鹿》是一首富有童趣的二四拍儿童歌曲。我利用网球的弹接动作,让学生感知、体验歌曲节拍。通过学生一边唱,一边扔球、接球,体会二拍子的感觉,形象地感受二拍子的强弱规律以及拍点。所有学生在教室中分散站开,每人手持一个球。用二拍子的节拍形式来扔球,其方法是:预备,双手拿住球;第一拍,扔球;第二拍,接球。口中数着"一、二"连续反复进行,让学生感受扔球的拍点整体。初步会唱歌后,一边唱歌,一边扔球。歌曲中出现的二分音符、后半拍十六分音符都能通过扔球活动准确地感受到时值的长短。

《小树快长高》歌曲中出现了切分的节奏和前半拍休止的节奏,这给歌曲学习带来了一定的难度。我让学生采用传苹果的方式学习歌曲。假设小朋友的左手有一个苹果,现在我们要轻轻地用右手去拿左手的苹果。教师轻轻地喊"拿",学生立即用右手去拿左手的"苹果",拍点在右手触到左手的时候。教师喊"放",学生立即用右手把"苹果"传到另一位同学的左手,拍点在触到另一位同学的时候,教师反复喊"拿"和"放",重复练习,后用无声,保持这个速度,传"苹果",教师和学生一起做动作,并示范演唱。学生在传"苹果"时,要注意聆听教师演唱,并小声跟唱。传"苹果"的小活动,在学期刚开始的时候,就可以加入练习,可以培养学生固定的节奏感。

(2) 提升学生节拍感知能力

在学习基本拍子时,除了采用拍球、传苹果的方法体验二拍子,还可以用大提琴或画三角形的方式学习三拍子。学生在有趣的律动游戏中,渐渐感知、熟悉各种节拍规律,形成固定拍的概念,有助于学生节奏感的培养,提升学生的音乐理解力。

3. 速度、音高及乐句练习

(1) 速度、音高及乐句的练习方法

通过游戏律动方式,让低年级学生大胆参与,对音高、力度、速度及乐句等音乐元素获得形象的感知,可以为歌曲综合表演奠定学习基础。

学习《我的家在日喀则》这首歌曲时,我设计了"玩公共汽车"游戏,学生在老师的引导下用快速、中速、慢速三种不同的速度感受歌曲旋律。并用身体动作做出反应,培养学生对速度的感受力。首先,教师弹奏中速的旋律时,全班学生分成2—4个小组,站成竖排,双手搭在前面人的肩上。第一个人为司机,其余为乘客。跟着中速的歌曲旋律,在教室里做小步跑动作,模仿开汽车。学生在随着音乐做小步跑动作的过程中,听到音乐停止,全体学生立即"停车",听到音乐继续,全体学生继续"开车"。当学生听到教师弹奏慢速旋律时,做模仿汽车上坡的动作。教师在弹奏快速的节奏,学生立即做出模仿汽车下坡的动作。教师在弹奏歌曲时,三种速度交替进行,并且不时停止音乐,锻炼学生的听觉以及对速度的感受力。

学习《小叶子》这首歌曲时,我设计了"大树、小树"听辨音高练习。全体学生分散自由站立,听到教师弹奏钢琴,奏出高音 C 时,立即把双手向上举起来,表示"大树"。听到教师弹奏低音八度 C 音时,学生立即把双手向下伸,并蹲下,表示"小树"。这两个音反复交替弹奏,学生不停地做变化练习。当教师以较快的速度弹奏《小叶子》旋律,所有学生听着旋律,模仿风,随着音乐节奏自由小跑。高音和低音音符不规则变化,锻炼学生辨别音高、注意倾听的能力。大树、小树的活动,可以结合歌曲进行综合表演的创编,表现大树的树叶随风飘荡,然后轻轻落下的歌词内容。学生通过改变身体动作高低的方式体会音高的高低变化,能快速提高对不同音高的身体反应能力。培养了学生的聆听习惯,音高、音准能力也得到进一步发展。

《在欢乐的节日里》是一首四四拍的歌曲,可以设计乐句游戏,培养学生的乐句感。请全体学生起立,围成一个圆圈,一边歌唱,一边按照歌曲的节拍绕圈向左走步。请学生注意乐句,并在每个乐句结束时,及时变换走步方向；学生转圈圈的游戏逐渐变为向圈里圈外走步的游戏。游戏重点是培养学生的乐句感以及距离感,根据乐句的变化及时改变方向行走。

(2) 培养学生音乐结构感和歌曲综合表现力

从速度、音高及乐句等方面进行游戏设计,对提升学生歌唱能力的实际效果很好。学生更能够安静地聆听,歌曲的分句也更容易被辨别出来,强弱力度、快慢速度的变化能够马上在游戏中被表现出来。课堂参与度很高,既锻炼了学生的听觉敏锐力,对速度的感受力,又让学生在律动中感受了乐句结构,有利于培养学生的音乐结构感和综合表现力。

六、结论与建议

学生们经过两年多的循序学习,音乐素养得到阶梯式的发展。学生在"玩中学",在课堂上通过各种体态律动完成学习与训练,对节拍、旋律、乐句、节奏等音乐元素的理解更加深入;能够安静聆听,仔细辨别各个音乐元素,再根据教师要求把音乐元素表现出来;学会调动多个感官和身体参与课堂学习,激发了主动性和创造性。我通过对课例研究的过程与效果进行反思,总结出小学低年级歌唱学习方式变革的三个观点与建议。

(一) 应从单一模仿变为多感官运用

以往的歌唱学习以教师为主导,学生被动参与,学习方式单一,以模仿为主,针对性较差,忽略学生个体差异,学生个性和能力受到限制。形象、生动的身体律动体验是学生音乐能力形成,音乐理解力提升的重要基础。积极有效的体态律动游戏让学生用各种身体动作参与音乐课堂学习中,全身心地感受歌曲的内容和音乐情感。遵循了低年级学生的自然发展原则,适应了低年级学生的实际能力。优美的旋律和活泼多样的律动形式抓住了学生的好奇心,唤醒了学生的音乐本能和运动本能,培养学生全身心的集中注意力;有助于节奏能力发展,使学生身心和谐发展;多感官并用,锻炼了敏锐的反应,发展学生大脑与身体运动的协调性。在聆听、唱游时,设计有趣的音乐互动游戏,运用肢体动作,感受音乐节奏律动的变化,帮助学生强化感官体验,提升学生对歌曲的音乐理解力和情感体验。

(二) 从被动接受变为主动参与

学生在课堂上注意力不集中、不愿意听课,主要原因是教师在教学设计时忽视了学生主动参与,导致课堂枯燥、无趣。学生的课堂积极性很大程度上影响其掌握程度,学生缺乏主动参与、深度理解,必然导致歌唱教学的效果差。小学生具有好动、好玩、好奇的天性,对体态律动游戏表现出浓厚的兴趣,通过身体律动的活动,主动理解音乐元素。从一、二年级唱游教材中部分歌曲的课例研究中发现,在教学设计时将体态律动游戏与歌曲的旋律、节奏、节拍、速度、乐句等音乐元素相结合,学生不仅主动参与游戏,学习效果也非常好。

(三) 从个体孤立学习变为团体合作的学习

以往的歌唱学习方式是个体孤立地学习,忽视了团体游戏活动设计,学生之间互动、合作很少,每位学生的学习情况、学习效果难以及时掌握。小学低年级学生对游戏、互动等表演形式具有较强的兴趣,喜欢情境式的合作学习表演。将歌曲学习、音乐元素运用到音乐游戏、集体表演中,团体合作式的体态律动游戏不仅趣味性强,还增强了学生间的互动交流与借鉴。例如,在固定节奏感的训练时,大家围坐一个圈,传递球时需要相互合作,互相学习,相互配合,才能完整地完成游戏。通过这种团队学习方法,学生能更好地在"玩"中学习音乐,提升学生的音乐能力。[①]

音乐教育要以学生为中心,让学生成为学习的主体。将体态律动融入歌唱学习,让音乐课堂灵动起来。通过设计有趣的律动互动游戏,让学生运用多感官体验、主动参与、互动合作,唤醒学生的节奏本能和感受力,促进音乐素养的提升。在小学低年级歌唱学习中如何使体态律动游戏设计更适合大班的学情,如何突破教学环境的限制改变学生的歌唱学习方式,值得继续思考和探索。

[①] 乔克希:《二十一世纪音乐教学》,许洪帅译,中央音乐学院出版社 2006 年版,第 41—44 页。

以美育人,踏歌而行

李洪艺

【摘　要】 音乐是人与人之间沟通的一种特殊语言,它是一种情感的传递,会在潜移默化中影响人的思维认知,培养良好的道德品质,树立正确的价值观。而音乐教育,则是学校美育课程的重要组成部分,它既是一门知识技能的普及,更是一种情感价值的浸润,旨在通过节奏、听音、视唱、发声、律动等技能技巧的训练,提高学生的综合素质,内化智力情操,有效助推生命个性的发展。

【关键词】 音乐教育;德育教育;美学引领;情感价值

【作　者】 李洪艺,上海市闵行区弘梅第二小学学生工作处主任

音乐教育是美学教育的一种。它通过知识技能的传授引导学生发现美,欣赏美,并在形成审美观的同时,渗透正确的情感价值观,培养学生的道德情操。《音乐课程标准》[①]中有提到"在音乐教学中培养学生良好的行为习惯、宽容理解、相互尊重、共同合作的意识和集体主义精神,使学生在真、善、美的音乐世界里受到高尚情操的陶冶"。这一要求明确指出,作为音乐教师需要通过不同的教育手段和表达方式,激发学生探寻真善美的兴趣,树立正确的情感价值,寓德育教育于音乐教育中,以满足学生在成长过程中日益增长的对于美的追求。

---

① 梅雪林:《上海市中小学音乐课程标准解读》,上海教育出版社。

小学是学生认知观形成的重要阶段,这个时期的德育教育在学校基础教育的构建中也越发重要,作为教育工作者只有将德育教育渗透学科教育中,浸润学生的日常生活里,才能发挥其有效的育人功能。① 因此,如何在音乐教学中渗入德育教育理论,从而在情感上与学生产生共鸣,以达到形成高尚的审美情操和正确价值观的教育目的,借此满足美育教育的发展需求,是当下所有音乐教师需要研究和探讨的课题。作为处于音乐教学第一线的德育工作者,我始终立足音乐课标大纲,在实践中探寻适合我校学生学情特质的教学方式,在音乐技能传授中融入德育理念,培养学生树立高远志向,涵养诚慧品质。

一、聚焦大纲,捕捉教材内容中的德育因子

新课改后的音乐教材摒弃原先以唱为主、欣赏为辅的内容架构,在单元安排上,增设了创和玩两个环节,这样的单元架构,除了基础知识学习外,还有增加了丰富的德育内涵。在备课时,教师需要用心钻研、精准分析,在浅显的教唱内容中发现德育因子,并进行适当的提炼,从而在正常教学中自然无痕地渗透思想情感,影响学生的认知形态,诚心爱国、诚意待人、诚实律己。

(一)创设情境,让情感价值在显性教材中无痕渗透

在小学的音乐教材中,不论哪个年级,其单元的主题都是以明显的情感教育线为脉络,比如"家乡美"的主题单元,通过《我的家在日喀则》《阿细跳月》《草原就是我的家》《金孔雀轻轻跳》《美丽的新疆我的家》等几首歌曲的学唱,向学生们介绍各个民族的风土人情,借以发现祖国的美好山河,抒发爱国主义情感,这样主题鲜明的单元教学,都能直接捕捉到歌曲中所包含的德育因子。在备课时,教师需要搜集相关民族的人文地理知识,利用多媒体,营造一个良好的课堂氛围,进而对学生进行直观的爱国主义教育,培养爱国情操。

例如,在给二年级孩子进行《金孔雀轻轻跳》的教学时,教师需提前搜集大量有

---

① 上海市教育委员会教学研究室编:《上海市中小学音乐学科德育教学指导意见》,华东师范大学出版社2019年版。

关傣族的民族文化知识,从风土人情的引入民族音乐,在傣族文化浓郁的氛围下进行歌曲教学,并拓展傣族孔雀舞的简单动作指导,让学生在情境中认识傣族、学唱歌曲、进行创意表演,并从中感悟爱国情感,培养正确的情感价值观。再比如,三年级的《阿细跳月》一课。《阿细跳月》是一首欣赏歌曲,要求学生熟听旋律,能够哼唱,了解彝族音乐文化特色即可。在教学中,教师可以设置"人文知识"导入环节,从彝族的节日——火把节入手,让学生通过欣赏火把节的视频资料,熟悉和了解彝族人民的节日,这样的方式会带动学生的兴趣,调节课堂氛围,也更有利于后面的歌曲学习。继而再利用视频引入火把节的传统音乐《阿细跳月》,为了增添欣赏课的趣味性,教师还可以利用简单的道具和媒体,创设一个简单的现场火把节氛围,让学生们应用刚学到的《阿细跳月》的音乐旋律和舞蹈动作,一起参加火把节的庆祝活动中,让整节音乐课处于浓厚的氛围当中。

创设情境的教学方式,让学生们既可以主动参与音乐学习,又增加了课堂活跃的气氛,同时还提高了音乐学习的自主性。并且融入音乐情境体验,让学生在演唱、舞动中感悟祖国的美好,发现各地人民的风味特色,学会热爱生活及身边一切美好的东西。

(二) 互动引导,让道德情操在隐性教材中自主内化

相对这些主题情感明显的教学内容,还有一些教材的情感价值比较隐秘,如《欢乐的小雪花》《大鹿》《赞歌唱给星星听》《叶儿船》等,这些歌曲都含有丰富的思想内涵和深刻的德育理念,但不是通过教唱就能传递的,需要教师们在备课时耐心捕捉和理解运用。

例如,一年级下学期的《赞歌唱给星星听》。教师除了要抓住歌曲旋律中的节奏难点,还应创设情境,引导学生分析歌词,体会情感。一年级的孩子对歌词没有精确的分析能力,但是他们的想象力是无穷尽的,通过旋律聆听和教师对于歌曲背景的讲述,可以自发性地去寻找歌曲中的内涵,发现"星星"是代表共产党,歌曲中的小朋友是要把最美好的歌声都送给我们伟大的党。

整节课中教师要做的就是恰如其分的引导和精准的分析评价,在师生互动中,探寻"新时代给了孩子们一个美好的梦,孩子们一定要学会珍惜现在的幸福生活,不忘党恩,永远追寻党的足迹,从小敢于树立志向,长大为我们的国家努力奋斗"的深刻含义。

二、多元融合,注重教学过程中的学生体验

德育教育的渗透,应该有机地贯穿整个音乐教学过程中,润物无声的浸润每个学生的情感价值建构里,尤其需要抓住德育教育的实效性。

原国家教委副主任柳斌同志曾指出:"德育工作的实效性是德育工作生命力的重要体现。"[①]一个生动有效的课堂必定不会只有教师的生硬说教,在整个教学过程中,教师需要紧贴生活,联系实际,运用各种学生所喜闻乐见的教育手段,并在施教过程中坚持将情感作为主线贯穿各个环节,从而达到德育理念与教学相融合的教学目的,慧于心而秀于言,让学生通过学习彰显心灵美、人格美和情感美。

(一)强调组织教学,养成良好的学习习惯

习近平总书记在参加北大的青年活动中提过,青少年要系好人生的第一粒扣子。对于一堂有效的课而言,第一粒扣子同样重要。

在一开始的组织教学中,教师应该用音乐互动进行规范的师生问好,在营造课堂音乐氛围时塑造良好的课堂风气,使学生在常规教学中养成讲文明、有礼貌、敬师长、守纪律的良好习惯。

需要注意的是,教师在创设问好音乐时,应创编简单易上口的旋律节奏,或者可以选取学生们耳熟能详的歌曲旋律进行歌词改编,这样可以更好地激发学生学习兴趣。而类似"起立、坐下"等课堂口令,也可以用音乐旋律替代,让学生在基本的课堂礼仪的细节里发现音乐的可创造性和趣味性,无形中启发智力,开拓思维。

(二)把握学情特点,培养积极的健康审美

在音乐教学的整个实施过程中,教师应该根据学生的学情特点,选择合适的授课手段,以便吸引学生的注意力,助推不同年龄的学生在成长各阶段中的个性发展。

---

① 苏中潜:《引导自我管理 注重德育实效》,载《上海教育科研》2007年第3期,第76页。

1. 注重创设情境，引导学生感受生活美

面对中低年级的学生，应选择赋有童趣、故事性强的情景画面，用信息媒体技术，创设一个生动、直观的情境辅助教学，以满足这一年龄层的孩子对于新鲜事物的好奇和想象，进而促使他们去发现、体会生活中小美好。

例如，在二年级下册第二单元的教学中，教师可以根据单元内容和技能情感，创设"童话森林游历记"的主题情境背景，以带领学生们游玩森林王国为主线，要求学生们去结识住在森林的"新朋友"，听一听它们的故事。创编《小红帽的故事》无旋律打击乐，是利用玻璃杯、筷子、沙锤、碰铃等小乐器模拟故事中人物的形象，比如小红帽的声音清脆稚嫩，可以用碰铃；奶奶的音色沙哑、缓慢，可以用沙锤；大灰狼的声音低沉、阴狠，可以用小鼓等，认识音乐就源于日常生活，鼓励学生们去体会音乐、观察生活，做一个生活中的有心人。从学唱《我是一粒米》，讨论珍惜粮食的意义，引导学生们珍惜美好生活，培养学生勤俭节约的优良品质。

《龟兔赛跑》是一个耳熟能详的童话故事，作为二年级教材中的一堂欣赏教学课，教师很容易就会陷入常态的教学模式中，即单纯的旋律欣赏和乐理学习，虽然也可以解决重难点问题，达成知识技能目标，但却很难内化情感技能。可以换一种教学模式，在设计时把本课的重心定位在音乐故事创编表演上，并制定两个角度的学习目标：(1) 通过分段聆听音乐，让学生感受不同的音色代表了什么样的音乐形象，并在故事旋律的层层递进中，感受不同情境下的音乐节奏和情绪发生了什么样的变化。(2) 通过小组合作创编、表演音乐故事，培养学生的自主学习意识，鼓励发挥想象力与创造力。

在教学中，教师可以将组曲音乐分成：引子、龟兔出场、比赛开始、乌龟超过兔子四个乐段。首先，让学生分别聆听两段音乐，并思考：两段截取旋律是在表现什么小动物？为什么？学生通过认真聆听很容易发现活泼跳跃的旋律像小兔子一蹦一跳的；低音平稳的旋律像是小乌龟慢吞吞稳重。这样的前提导入，很容易就可以引出本课的课题《龟兔赛跑》。其次，教学方式上教师要营造童话森林的故事氛围，通过多媒体的辅助，将故事和乐曲融为一体，边叙事边欣赏音乐，并利用画旋律线、肢体律动、节奏律动、情景表演等各种方式，让学生在逐段欣赏乐曲时深刻了解音乐是如何表现故事的，从而整体感悟音乐的情绪和表达方式。最后，通过创作表演《龟兔赛跑》的最后一个乐段，培养学生音乐素养，加强创造力和表现力地不断开拓，在潜移默化中将做人做事要谦虚、不骄不躁、勤劳努力的情感教育植入每一个认真学习的学生心中。

2. 注重个性发展,内化教育教学中的价值情感

面对高年级的学生时,针对这个年龄孩子开始出现叛逆、自我等青春期的心理特点,在教学手段上,则应该选取一些当下流行的、能够迎合他们兴趣的内容,比起教师的传授,把课堂变成他们的舞台,任其发挥表现,更易于达成教学的实效性。

音乐赏析《赛马》出自四年级下的音乐教材里的少数民族音乐单元,它是一首二胡独奏曲,描写了大草原上,骏马奔驰的欢腾景象,借此再现蒙古族人民的生活场景,表达了热情四溢、积极蓬勃的旺盛生命力。就此音乐来说,光依靠耳朵听旋律、教师讲解音乐内容,四年级的学生明显学习积极性不高,所接受的知识也过于浅薄,课堂会出现沉闷或者吵闹的现象,无法呈现良好的课堂状态。于是,在这节课的教学设计上,教师可以提前要求学生们进行分小组合作,并要求各小组认领不同的学习任务单,对蒙古族生活、音乐、乐器提前了解。在课堂上,初听音乐时,教师选择单一音频播放,让学生们将听到的内容在纸上画一画。因为有了前期准备和音乐中较为明显的马蹄声,学生们很容易联想到赛马的情境,简单的画出草原和马的雏形,有的学生还能根据自己的画大概描述出听到的音乐内容。接着,利用视频导入音乐,让学生用看的方式欣赏音乐,整体感知音乐场景,并让各小组上台分享他们的预习情况,介绍蒙古族生活和音乐,在学生介绍的过程中第三遍播放音乐,让其他小组成员回答介绍的内容哪些与我们欣赏的音乐有关系。于是,"赛马节""马头琴"等相关音乐知识被学生们逐一提出来,结合提前搜集好的相关图片,加深直观印象。在学生基本理解音乐内容的基础上,教师可以用二胡现场演奏《赛马》,这样面对面的聆听不同于观看视频,学生对于二胡有了直观的了解和认识,并且可以更清楚的感受主旋律,节奏上的对比愈加明显,接受能力好的学生甚至可以模拟画出主旋律的四二拍节奏。这样的方法,明显不同于普通教学的效果,学生成了课堂的主导者,他们可以大胆地发挥自己的想象去感受音乐,通过自己的资料搜集进行科普,展示了独我的风采,并且现场聆听教师的演奏,拉近了师生间的距离。

三、依托实践,让美育成就更好的自己

音乐是一种情感艺术,课堂教学中,专业素养的传播是教学成功的方向灯,而

情感素养的浸润则是教学成功的催化剂。在当代教育飞速发展的形势下,音乐教学已不能满足于传统的课堂教育了,它必须要与学生的日常生活紧密联系,才能更适应现代学生个性发展的实际需要。

为了让学生能更加深入地感受音乐、理解音乐,体会音乐中的情感价值内涵,音乐实践活动已经逐渐成为音乐教育发展中必不可少的组成部分,同时也是对学生进行德育教育培养的重要途径。例如,搭建平台,鼓励学生参与各类音乐表演和比赛,展现自我的同时,欣赏、学习他人的音乐才能,扬长补短,形成自己的风格特色;利用校内外各类传统节日的文化宣传,开展有象征意义的纪念活动,如红歌传唱、经典诗词诵读或为孤寡老人送去慰问表演、举办爱心慈善音乐会等,以展现学生们灵动、活泼、爱美的个性特质,认同他们对丰富多彩、形式多样的音乐活动的强烈参与意愿和表现欲望,并满足他们对于美好青春时光的向往和追求。使学生在培养音乐表现力的同时,增强群体意识和遵守纪律的良好品质;在欣赏音乐的各种美中培养高尚的道德情操;在开展音乐活动中充分展现自我风采,做更好的自己。

苏霍姆林斯基说:"音乐教育不是培养音乐家,而首先是培养人。"这足以说明融入德育因子的音乐教育对青少年意识的形成和发展有至关重要作用。作为从事德育工作的音乐教师,我们更应该去积极践行新时代赋予教育工作者的义务,不仅要教会学生自主学习感悟课本中的各类美的方法,还要善于启发学生以美导行,引导他们在成长道路上培养积极向上的主流审美价值观,并学会主动发现美、认识美、体验美、表现美、创造美。从而在主观情感上获得审美体验、享受心灵净化,涵养诚慧品质,做具有时代精神的中华好少年。

概念为本的美育跨学科教学实践

——以《安塞腰鼓》单元为例

周 青

【摘　要】　本案例基于"概念为本的课程与教学"的理念,以"安塞腰鼓"为学习主题,我校在小学四年级开展语文、美术、音乐三课时的美育跨学科单元教学研究。

本项研究构建了概念为本的美育跨学科单元设计的实施路径:梳理学习内容,凸显美育核心理解;制订评价要点,落实学科核心素养;设计单元活动,细化美育学习任务。

通过概念为本的跨学科单元学习,学生的美育学习方式发生了改变:学生通过更有深度的、可迁移的理解,从以事实性知识学习为主转变为概念性理解的学习,并建构理解的探究过程。

【关键词】　美育;跨学科;概念为本;中华优秀传统文化

【作　者】　周青,上海市日新实验小学教导副主任、高级教师

从各项政策中可以看出"大力开展以美育为主题的跨学科教育教学"和"加强基于学习过程的教学研究"[1]前所未有地受到重视。美育跨学科研究,可以使学科之间形成

---

① 中共中央办公厅、国务院办公厅:《关于全面加强和改进新时代学校美育工作的意见》,2020年。

开放体系。学生可以更有效地建构理解的探究过程,理解每一种艺术形式的特征和各文化、历史发展之间的联系;感受美融合于对世界的整体认知中,美无所不在。

在当前的美育跨学科教学中,大多是事实性知识和简单技能的学习,模仿艺术家的风格。"反映了一种肤浅的而不是深刻的理解,因为它是基于物理形式而不是概念性的想法。"[1]如何有效地进行美育跨学科教学呢?林恩·埃里克森和洛伊斯·兰宁提出了"概念为本的课程与教学"[2]理念。该理念强调学习不能局限于知识和技能,必须经历可迁移的学习,掌握概念性理解。我们依据该理念对《安塞腰鼓》单元进行设计教学,在四年级开展了语文、美术、音乐三课时的跨学科单元教学研究。

一、梳理学习内容,凸显对美育核心的理解

"安塞腰鼓"是陕北的代表性民间艺术,展现了陕北人民的朴素与豪迈。在备课前期我们对安塞腰鼓的背景资料进行了研究,面对形式多样、数量庞大的资源和有限的教学时间,该如何取舍?作为文化为主题的美育跨学科学习,单元设计的起始点在哪里?

我们采用了概念为本的单元教学设计模式"知道—理解—能做"[3](简称KUD)。包括确定本单元的核心目标、关键性问题、关键内容和关键技能。

以此为据,对《安塞腰鼓》单元梳理内容:

表1　KUD模式的单元内容

【核心目标】学生通过学习,能够理解 1. "安塞腰鼓"具有深厚的文化内涵 2. "安塞腰鼓"可以通过诗歌、绘画、歌唱等艺术形式表现 3. 诗歌、绘画、歌唱在表现在"安塞腰鼓"时,各有独特的艺术语言特征 4. 不同艺术形式表现出"安塞锣鼓"刚劲奔放、气势磅礴的艺术魅力,陕北人民朴素而豪放的性格和不屈不挠的精神 5. 艺术家通过不同的艺术形式来探索、表达对于"安塞腰鼓"的观点和理解

---

[1] 胡泊:《当代艺术教育的趋势与发展》,人民出版社2020年版。

[2] 林恩·埃里克森、洛伊斯·兰宁:《以概念为本的课程与教学》,鲁效孔译,华东师范大学出版社2018年版。

[3] 胡知凡:《概念为本的美术学科单元设计研究——以〈中国传统山水画〉单元为例》,载《教育参考》2019年第6期。

续 表

学科	关键性问题	学生需要知道	学生能够做到
语文	1. 为什么要打安塞腰鼓 2. 安塞腰鼓是怎么打的 3. 为什么这样打鼓	1. 了解"安塞腰鼓"的起源、特点、表现形式 2. 感受安塞腰鼓雄浑有力的表演特点，陕北人民朴素、豪放的性格	能够分析 表述"安塞腰鼓"的起源、特点、表现形式 能够表达 正确、流利、有感情地朗读文本段落
美术	绘画时，从哪些地方表现出打鼓人的激情	1. 掌握打鼓人的动态画法 2. 运用绘画红绸的飘动刻画人物动势 3. 通过色彩、线条表现安塞腰鼓粗犷豪放的表演特点	能够创作 1. 从表情、动作、服饰表现豪迈粗犷 2. 用大幅度的弧线表现动感 3. 用暖色、夸张表现粗犷豪放 能够评论 认识刘文西创作国画《安塞腰鼓》源于生活，高于生活
音乐	学唱歌曲《吉祥腰鼓》时，怎样表现出陕北人民的豪放粗犷	1. 在正确表达歌曲旋律特点、风格把握的基础上，用明亮且富有弹性的声音正确演唱 2. 对歌曲重要的民族化语言加以提炼，从而更准确地表达作品	能够演唱 1. 演唱时正确的咬字、吐字 2. 演唱时重音与乐句力度变化所产生的风格特点
音乐	加入哪些艺术形式，表现庆丰收时载歌载舞的热闹场景	运用组合舞步、打击乐伴奏、丰富的人声，根据歌曲的特点合作协同，多元化地、全方位地表达丰收的喜悦	能够表演 1. 分组为歌曲进行创编 2. 打击乐（大鼓、钹、小堂鼓、锣） 3. 舞蹈（安塞腰鼓） 4. 人声（二声部，一唱一和）

从表1中可以看出，最上面一层表格是单元的核心目标，是学生需要"理解"（Understand）的概念性知识内容，是本单元最终理解的深层次内容，也是"安塞腰鼓"包含的艺术核心素养中的"文化理解"。我们还设计了学生"分析、评价、创造"的高阶思维培养路径。

"为什么要打安塞腰鼓？""哪些地方表现出打鼓人的激情？""加入哪些艺术形式，表现陕北人民庆丰收时载歌载舞的热闹场景？"等关键性问题的设计，可以引发学生思考,开展探究学习。"了解安塞腰鼓的起源、特点、表现形式""通过色彩、线条表现安塞腰鼓的粗犷豪放的表演特点""运用组合舞步、打击乐伴奏、丰富的人声,根据歌曲的特点合作协同,多元化地、全方位地表达丰收的喜悦"等关键内容就是本单元学生需要"知道"(Know)的,必须掌握的内容和概念。关键技能是学生在技术和过程层面上能"做"(Do)的能力。在本单元学生将通过分析、表达、创作、评论、演唱和表演等探索活动,掌握安塞腰鼓雄浑有力的表演特点,了解陕北人民朴素、豪放的性格,理解诗歌、绘画、音乐三种艺术形式与安塞腰鼓文化之间的联系。

由此而见,KUD模式"比传统目标更清晰、更明确,区分了知识、理解和技能,给教师提供了更深入思考教学设计的信息"[①]。用这一模式学习,学生能把知识和技能进行概念性理解,形成更深层次、可迁移的理解,能激发高阶思维和学习的兴趣。对于单元中的跨学科,不仅对跨学科的内容做出统筹安排,清晰呈现出相互间的关系和各自的教学目标和学生能力目标,更能通过"核心目标"明确地显示出美育跨学科的育人价值和学科核心素养;通过"关键性问题、关键内容和关键技能",彰显各学科"分工合作"的育人路径。

二、制订评价要点,落实学科核心素养

在梳理单元内容的基础上,制订了《安塞腰鼓》单元学习目标:学生通过对"安塞腰鼓"历史文化的探究、创意绘画的表达、歌唱表演的展示过程,多角度地了解"安塞腰鼓"的人文艺术特点,理解"安塞腰鼓"刚劲奔放、气势磅礴的艺术表现特征,体会陕北人民质朴豪迈的性格、不屈不挠的精神。

以"概念为本"理论提出表现性评价:"开始就要记住最终目标,即学生需要知道什么、理解什么及最终学会做什么。"[②]逆向设计法(Understand By Design)也提出:"课程与单元内容要从培养学生的预期实现结果中进行教学规划,同时将知识与技能等作为一种实现理解的方法而不是目的。"[③]预期的实现结果应看作单元必备的评

---

① 胡泊:《当代艺术教育的趋势与发展》,人民出版社2020年版。
② 胡知凡:《概念为本的美术学科单元设计研究——以〈中国传统山水画〉单元为例》,载《教育参考》2019年第6期。
③ 胡泊:《当代艺术教育的趋势与发展》,人民出版社2020年版。

估、验证学习成效的证据,以过程性评价作为达到目标的证据。为此,我们根据单元内容编写了《安塞腰鼓》单元评价目标。确定评价要点和可测评的评价表现。并将这些评价与单元涉及的各学科核心素养相联系,使核心素养真正落在实处。

表2 《安塞腰鼓》评价目标

学科	评价要点	评价表现	核心素养
语文	正确、流利、有感情地朗读文本段落	诵读段落,能让人感受到打鼓人的豪迈、雄壮	语言的建构和运用
	能理解为什么要这样打安塞腰鼓	表述"安塞腰鼓"的起源、特点、表现形式	思维的发展和提升
	理解安塞腰鼓是怎么打的	理解安塞腰鼓雄浑有力的表演特点	审美的鉴赏和创造
	理解为什么要打安塞腰鼓	结合安塞腰鼓起源,说出打起来如此豪迈、雄壮的原因	文化的理解和传承
美术	能从"安塞腰鼓"照片中,分析表现打鼓人激情的要素	1. 从动作的角度,分析出表现"安塞腰鼓"激情豪迈的绘画要求 2. 从表情的角度,分析出表现"安塞腰鼓"激情豪迈的绘画要求 3. 从服饰的角度,分析出表现"安塞腰鼓"激情豪迈的绘画要求	图像识读
	能运用美术语言表现出打鼓人的激情	1. 通过学习运用表情、动作、服饰、弧线、暖色、夸张等方面进行创作,了解美术语言的表达方式 2. 体会美术创作"源于生活,高于生活"	美术表现 创意实践
	1. 能对刘文西创作的《安塞腰鼓》进行欣赏,说出感受 2. 能对同学创作的《安塞腰鼓》进行评价	1. 能分析名作的造型之美、色彩之美、组合之美、动态之美 2. 能从色彩、线条、造型等角度说出如何表现刚劲奔放、气势磅礴的"安塞腰鼓" 3. 能说出对于画家及同学的创作的看法,有自己的观点	审美判断 文化理解
音乐	能进一步学唱歌曲《吉祥腰鼓》	正确表达歌曲旋律特点、风格把握的基础上,用明亮且富有弹性的声音正确演唱	音乐 自主需求

续 表

学科	评价要点	评价表现	核心素养
音乐	能分组创编多种表现形式	根据歌曲的特点,运用组合舞步、打击乐伴奏和丰富的人声合作协同,多元化地、全方位地进行表演	音乐实践能力
	能用音乐表现《吉祥腰鼓》	在进一步学唱歌曲《吉祥腰鼓》的同时,加入不同的艺术形式,感受并表现陕北人民庆丰收时载歌载舞的热闹场景	音乐情感体验
	能理解陕北人民用《吉祥腰鼓》表达丰收喜悦	使用分组创编的方法,使歌曲更表达丰收的喜悦,更富有民族表现力	音乐文化理解

从表2可以看出,语文、美术、音乐三门学科围绕单元关键性问题制订评价目标。不仅融合,更表现出不同艺术形式的独特审美特征。如,诗歌、绘画、音乐都表达对于安塞腰鼓的文化理解,但理解文化所采用的形式不相同,所蕴含的思考和观点也有差异。通过学科融合,更好地帮助学生感受多元文化的表现形式,理解美无所不在,并能初步认识艺术是不同形式的独特表达。

同时,过程性评价在单元设计时蕴含如下意图:评价贯通每个教学环节,而不是学习的最终结果。如语文中"能理解为什么要这样打鼓"等三个问题和"正确、流利、有感情地朗读文本段落"的评价目标落实在教学过程的各环节,能检测学生在教学各阶段的学习成果。

评估不仅可以看作学生掌握知识技能的证据,更可以作为构建教学活动的引导指南;更能促使教师思考如何教学能帮助学生更好的理解,在教学设计之前能像评估者一样思考。

通过对评价要点细化的评价表现,可以进一步理解为:基于过程性评价的单元学习强调学生的学习过程作为目标。

三、设计单元活动,细化美育学习任务

单元设计第一步运用"知道—理解—能做"模式梳理学习内容,明确单元核心目标;第二步设计评价目标,提供证明学生理解的证据,把评价作为细化学习目标

的依据；第三步构架最合适的学习活动。需要研究：学生达成学习目标，需要设计怎样的学习活动来协助？

概念为本的教学具有以下特点：为理解而教、归纳法教学、概念性视角、在低阶思维和高阶思维之间架起桥梁的引导性问题、差异化教学、获取学生"知识、理解和技能方面的评估"、学习的迁移①。以此为据，在设计《安塞腰鼓》的单元活动时，我们以事实和技能为基础，帮助学生发展跨学科、同文化的更深入的概念理解；将学生应该理解、知道和能做的学习目标作为活动设计依据；在学生创作、艺术表达时，给予学习意义和充分时间的支撑；在跨学科的育人目标和学科协同之间建立互动；安塞腰鼓的地域性和学生生活的文化差异是事实性存在，应该帮助学生建立理解、发表独立见解的空间，允许学生坚持个人立场，包括一些有争议的问题；引导学生更好的掌握学习内容，优化深度学习。我们设计了以关键问题为导向的多元化视角的单元活动。

表 3 《安塞腰鼓》单元活动设计

单课		单元活动设计			
学科	课题	活动形式	关键问题	活动目标	活动任务
语文	安塞腰鼓	质疑、交流	"为什么打""怎么打""为什么这样打"三个问题怎样排序	揭示课题，引入问题	讨论解决这三个问题的先后顺序
		讨论、交流	为什么要打安塞腰鼓	了解"安塞腰鼓"的起源	1. 了解安塞腰鼓的起源 2. 理解安塞腰鼓出现在陕北地区原因
		阅读、交流	安塞腰鼓怎么打 安塞腰鼓为什么这样打	理解"安塞腰鼓"的表演特点、表现形式	1. 自读段落，理解安塞腰鼓怎么打 2. 结合起源思考打起来如此豪迈、雄壮的原因
		诵读、感悟	怎样诵读能让人感受到打鼓人的豪迈、雄壮	诵读段落，进一步表达出打鼓人激情	1. 朗读中体会"发狠、忘情、没命"的关系；思考类似的句子 2. 指导朗读

---

① 林恩·埃里克森、洛伊斯·兰宁：《以概念为本的课程与教学》，华东师范大学出版社 2018 年版。

续　表

单　　课			单元活动设计		
学科	课题	活动形式	关键问题	活动目标	活 动 任 务
美术	安塞腰鼓	小组任务	怎样用绘画表现出打鼓人的激情	了解打鼓人造型的特征	通过观察照片,讨论任务单,了解打鼓人的动作、表情、服饰特征
		比较、讨论	如何画出动态打鼓人的表情有哪些	理解打鼓人造型的动态和表情特征	1. 能分析名作的造型、色彩、动态之美 2. 能从色彩、线条、造型等角度表述如何表现豪迈的"安塞腰鼓" 3. 能说出对于画家及同学创作的看法,有自己的观点 4. 学生、教师讨论;学生板书绘画要求
		欣赏、表述	大师作品中,色彩和线条怎样表现"安塞腰鼓"的豪迈激情	理解用更多美术语言表现"安塞腰鼓"	1. 欣赏、交流中,体会艺术家如何用色彩、线条创作《安塞腰鼓》 2. 意识到艺术家刘文西的《安塞腰鼓》源于生活,高于生活
		绘画创作	如何用美术语言表现"安塞腰鼓"的豪迈激情	绘画创作《打鼓人》,完成集体创作《安塞腰鼓》	1. 从表情、动作、服饰、暖色、夸张表现豪迈粗犷 2. 用大幅度弧线表现动感 3. 能在创作中运用艺术家的色彩、线条
音乐	吉祥腰鼓	声音训练	如何进入较好歌唱状,培养好歌唱情绪	进入较好歌唱状,培养好歌唱情绪	1. 歌曲引子部分前四小节的旋律作为练声曲 2. 歌唱的气息,脸部打开的状态 3. 歌唱时音色、音准、音量、力度等
		方言演唱	怎样用方言进一步学唱歌曲	用方言进一步学唱,更准确地用音乐语言表达作品	1. 交流预习的陕北方言的乐句并学唱 2. 提炼歌曲重要的民族化语言,更准确地表达作品 3. 演唱时正确的咬字、吐字 4. 演唱时重音与乐句力度变化所产生的风格特点

续 表

单学科	课题	单元活动设计			
		活动形式	关键问题	活动目标	活动任务
音乐	吉祥腰鼓	分组创编	加入哪些不同的艺术形式,表现陕北人民庆丰收时热闹场景	能分组创编多种表现形式	根据歌曲的特点,运用组合舞步、打击乐伴奏和丰富的人声合作协同,多元化地、全方位地进行表演
		整体演唱	怎样将不同艺术形式加以整合,表现出作品丰富的表现力	将不同艺术形式加以整合,有感情地完整表演	1. 分组讨论内容,通过演唱表达丰收的热闹欢腾 2. 表演中感受乐曲的风格,理解并表达歌曲的内容
		思辨讨论	艺术家通过不同的艺术形式表达对于"安塞腰鼓"的理解。说说你单元学习的感想	交流单元感想	1.《安塞腰鼓》可以用哪些艺术形式表达 2. 理解艺术家通过不同的艺术形式表达"安塞腰鼓" 3. 说说你的感想

从表3中可以看出,我们根据概念为本的单元活动设计策略,结合教学内容,思考如何融合教学特征设计出更能激发学习驱动力的教学活动,或者用它检验单元教学设计的成效。在跨学科教学单元设计活动时,更梳理"安塞腰鼓"主题下跨学科内容学习的融合点和不同的作用,并思考如何通过一系列设计活动最终达成对文化理解的核心素养。

《安塞腰鼓》单元首先解决"为什么要打?""怎么打?""为什么这样打?"这三个问题,这个任务由语文学科承担。然后探究诗歌、绘画、歌唱在表现"安塞腰鼓"时,有各自不同的艺术语言特征,理解不同艺术形式表现出"安塞锣鼓"豪迈磅礴的艺术魅力、陕北人民朴素而豪放的性格和不屈不挠的精神。单元教学的最后,探讨艺术家通过不同的艺术形式表达对同一文化的理解,进一步帮助学生理解"安塞腰鼓"具有的深厚文化内涵,体现"安塞腰鼓"单元的美育价值和艺术核心素养。

单元活动设计为帮助学生理解主要采用了三种教学策略。

（一）活动设计大量采用建构式引导[①]

通过合作学习、讨论探究、关键问题引导等方式，促进学生分析评价，思维探究。如语文课上对"为什么要打？"等三个问题进行讨论；美术课上"怎样用绘画表现出打鼓人的激情？"的小组合作；音乐课上"怎样将不同艺术形式加以整合，表现出作品丰富的表现力？"的小组探究等。

（二）艺术表达创作强调学生在艺术实践中的练习反馈

教师顺应指导，其目的是拓展艺术欣赏的有效策略，帮助理解"安塞腰鼓"文化内涵，达到跨学科美育的育人目标。

（三）讲授指导法，艺术学习有很强的专业性

学习活动强调学生为中心的同时，需要教师通过专业性指导，帮助学生进行艺术表达和创作。这种指导不是学生在有限的教学时间能探索获得的。如诗歌诵读的诵读示范和关键字词的提示；绘画的示范和刘文西作品欣赏的诠释；歌曲《吉祥腰鼓》的合唱声乐指导等。

四、成效与反思

对概念为本的美育跨学科《安塞腰鼓》单元进行梳理学习内容、制订评价要点和设计单元活动后，通过教学实践，获得了良好的效果。

学生在语文课堂上，通过引导自主提问、答疑解惑，初步了解安塞腰鼓的起源及打法，在教师风趣幽默的指导下的递进式诵读，进一步感受陕北人民勇敢顽强的精神；在美术课堂上，学生自主交流打鼓人的动作、表情及服饰的特点，在欣赏、讨论中理解如何运用绘画语言表现陕北鼓手的豪情，并当场绘画，当学生绘画的打鼓人出现在"蓝天黄土"中，一幅合作完成的巨大的绘画作品"活"了起来；在音乐课堂上，学生在老师鼓励下分组对歌曲进行创编，并将不同的艺术形式加以整合，有感

---

① 胡泊：《当代艺术教育的趋势与发展》，人民出版社 2020 年版。

情地完整表演，充分展现了陕北人民获得丰收时的热闹场景；最后，学生在思辨讨论中，表述对安塞腰鼓的所思所想以及教学收获，理解"不同艺术形式表现出安塞锣鼓刚劲奔放、气势磅礴的艺术魅力""艺术家通过艺术创作表达对安塞腰鼓的观点""安塞腰鼓是一种文化，体现陕北人民朴素而豪放的性格和不屈不挠的精神"。可以看出，学生的美育学习方式发生了改变：学生通过更有深度的、可迁移的理解，从以事实性知识学习为主转变为概念性理解的学习，并建构理解的探究过程。

在教学研讨中，对于以《安塞腰鼓》为例的概念为本的跨学科单元设计反思如下：

（一）概念为本的单元设计要体现综合性学习方式

概念为本的单元设计，是将学科的知识嵌入学习过程中，也是一种综合性的学习方式。依据概念建构美育的知识、能力以及学习过程的框架，可以在艺术语言的学习背后支撑起文化理解，让艺术表达和创作产生无穷的力量和意义。通过这种学习能感受艺术表达的是人类的信仰和价值观。让艺术与生活、艺术与文化变得密不可分。借此开展美育跨学科教育教学，顺应儿童认识世界的方式，关注深度学习发生的过程，在学习过程中培养学生的自学能力、分析综合能力、创新能力，进一步改变学生的学习方式，发展"五育融合"的教育价值。

（二）进一步完善跨学科单元设计的实施路径

我们设计了概念为本的跨学科单元设计的实施路径。通过梳理学习内容，明晰单元核心目标和分学科能力目标，制订评价目标，设计单元活动。这一实施路径可成为跨学科单元课程设计流程，也就是先确定什么是"学生通过学习，能够理解"的核心目标和分科能力目标；制订怎样的评价目标来证明学生的概念性理解。在这个基础上设计多种学习活动与策略以达到目标。在实践中行之有效，并可不断完善。

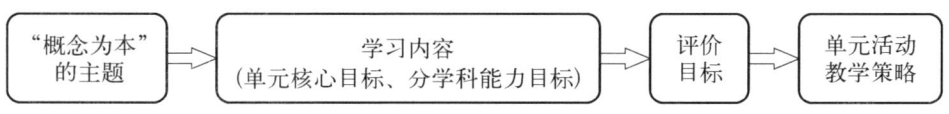

图1 概念为本的美育跨学科单元设计实施路径

（三）进一步开展以概念为本的跨学科文化主题学习，有利于引导学生探究，促进文化理解和认同

以《安塞腰鼓》为例的中华优秀传统文化是"新时代构筑国家、民族现代先进文化的基因"。[①] 通过概念为本的美育跨学科开展同类主题的学习，更有利于引导探究主题。可以用好艺术教育潜能，开展学生个性与文化理解的对话；要引导学生独立思考，在理解文化的同时能提出自己的问题和观点；在设计单元活动时，思考怎样的学习收获可以帮助学生探究需要持续理解的概念？为了更好地促进理解文化，可以融合哪些跨学科？需要怎样的教学？任何帮助学生在体验、艺术表达中感受和认识文化的幸福维度，促进对文化理解和认同。进而提高学生对传统文化的保护意识，引导学生参与文化的传承。

（四）进一步拓展单元学习的反思过程、收获展评

美育跨学科单元学习可以进一步建立反思学习过程和学习收获展评[②]。教师需要思考如何引导学生对学习进行反省和重新思考，以便更深入地理解核心观念；引导学生对于评价结果做出反思。学习收获展评作为体现学业结果的证据，教师应思考怎样展示和评价学生的理解程度；帮助学生认识自身优势和不足，进一步形成自我学习能力，并迁移到新的学习。

概念为本的课程与教学理念涵盖广泛，具有学习迁移性，通常是跨学科的；培养探究式思维，发展学生的元认知。因此，概念为本的理念在指导如何在单元化教学中落实核心素养和深度学习方面值得我们学习和借鉴。概念为本的美育跨学科课程，教育界目前无深入研究，也没有定论。但教育始终是一门实践科学，需要从实际教学生活中汲取灵感，获得经验。美育跨学科单元学习除了概念为本为理念外，尚有待实施更多途径的探索。

[①] 乔晓光：《非物质文化遗产与大学教育和民族文化资源整合》，载《美育研究》2003年第1期。

[②] 何晔、盛群力：《为促进理解而教——掌握逆向设计》，载《高校教育管理》2007年第2期。

创新发展添活力 传统文化显魅力
——"京韵润童心"课程的实施与完善

蒋丽华

> 【摘　要】"京韵润童心"课程是弘扬中华优秀传统文化,增强文化自信,促进戏曲传承发展的体现,同时也满足"以美育人""以文化人"的校园精神文化建设的需要。我校本着"整体策划、分而合一、深度实践"的理念,建构京剧文化课程整体设计的有效框架。初步形成京剧文化特色课程实施中教师行为的评价标准和一科目一评价的学生学习评价单,形成了"以趣激学"的京剧文化课堂教学模式。
>
> 三类京剧文化课程在不断创新与实践中发挥强劲的育人效应,铸就"国粹芬芳溢校园,文化浸润育品格"的校园精神文化,引领师生深刻践行社会主义核心价值观。
>
> 【关键词】　创新发展;活力;魅力
>
> 【作　者】　蒋丽华,上海市闵行区田园外国语实验小学工会副主席、艺术主管、一级教师

我校于2004年启动"京剧文化项目"。10多年来,我们持之以恒、锲而不舍,通过阶梯式的课程实施培养了全体学生的艺术审美情趣,积淀文化底蕴,并取得了不菲的成绩,荣获"全国中小学中华优秀文化艺术传承学校"的殊荣。

习近平总书记指出:"我们要善于把弘扬优秀传统文化和发展现实文化有机统

一起来,紧密结合起来,在继承中发展,在发展中继承。"通过对课程实施的回溯,我们发现原有课程存在教学知识点关注纵向发展而缺少横向关联、课程整体性不足、学生体验深刻度不够等问题,课程的育人功能有待加强。

一、完善课程架构,激活文化基因

我们尊重学生的精神文化需求,从他们的立场、生态,重新建构京剧文化课程。根据学生的年龄特点以及"京剧"学习的基本元素,兼顾基础型课程的学科特点与拓展型课程及探究型课程进行系统的规划,把零碎、散落的知识用一个个剧目巧妙地串联起来,打通学习渠道,创生一个综合、多元、新颖的"京韵润童心"京剧课程体

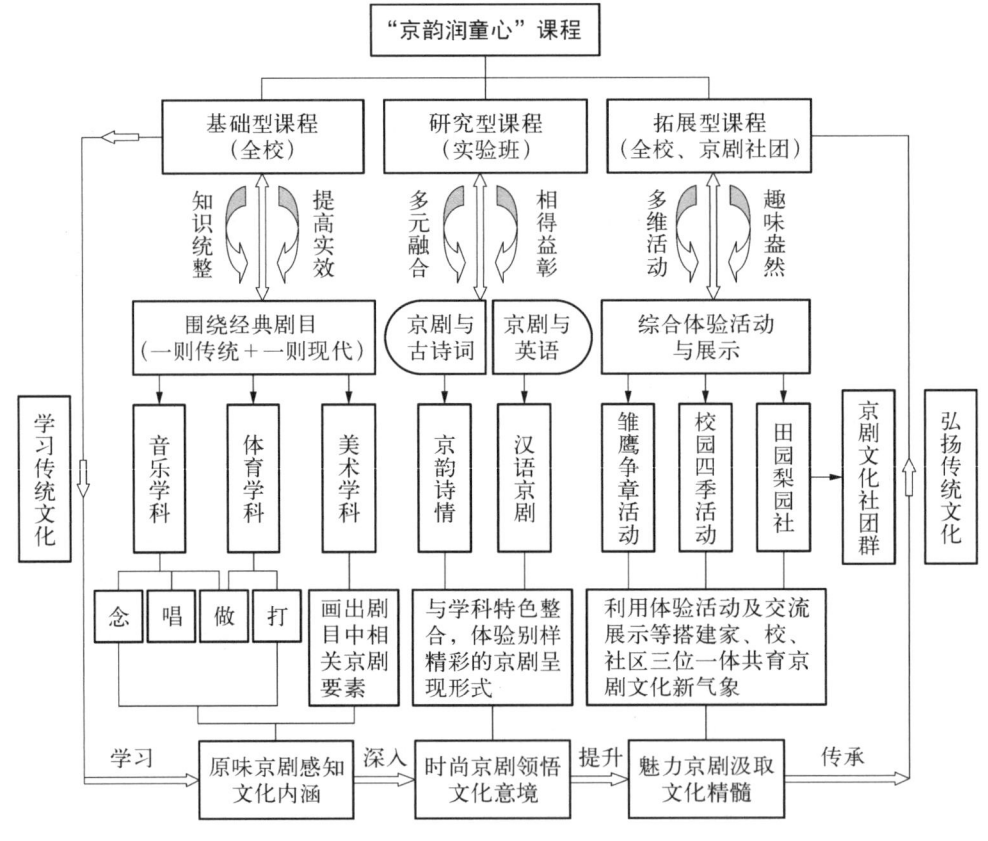

图 1 "京韵润童心"课程体系

系。着力探索一条京剧文化进校园的特色教育之路,以突出京剧艺术传承文化、润泽生命、培养人、教育人的作用。①

我们用"匠心"锤炼课程的品质,为学生的健康成长搭建优质的平台,吸引学生快乐、主动深入浸润式、循序渐进的学习体验中,在求知、求美、求真、求乐的过程中领悟传统文化的丰富内涵,不断提高艺术素养和审美素养,达到对京剧文化学习新的价值认同,营造风清气正的校园文化,形成"国粹芬芳溢校园,文化浸润育品格"的校园文化品牌,创生与众不同的校园新生活。

二、聚焦课程实施,探寻文化意涵

"京韵润童心"课程的整体设计,能高度表达学校对教育教学意义的全方位理解,对教育理想、价值和精神的追求。它直接体现着教育的人文理想,教育教学存在的意义和价值。课程的有效实施,使京剧文化的传承与弘扬在创新中落地生根。

(一) 基础型课程巧妙融通——深悟增效

教师团队本着"整体策划、分而合一、深度实践"的理念,打破原先基础型课程中各学科教学内容各自独立的状态,遵循学生的年龄特点及心理发展的特征,依据各学科特点,以"经典剧目(一则现代+一则传统)"为主线,打破各学科间的壁垒,在知识统整中提高学习效果,创生一个分合有致、综合多元、独特新颖的基础型京剧学习课程体系。通过一至五年级相关学科每学期各4次的跨学科原味京剧学习达到感悟文化内涵的效果。

例如,在低年级学生对京剧文化学习趋之若鹜的前提下,三年级走进名家名段学习。第一学期学习现代京剧《红灯记》中的《穷人的孩子早当家》;第二学期学习传统京剧《贵妃醉酒》中的《海岛冰轮初转腾》。下面就以第二学期的教学内容实施为例:

音乐学科: 学唱《贵妃醉酒》中的《海岛冰轮初转腾》唱段。先从观看梅兰芳先生

---

① 陆志敏:《儿童京剧拓展性课程的思与行》,载《江苏教育:教育管理》2016年第7期,第2页。

的经典表演入手,教师运用"口传心授"的方法教学:演唱至"初转腾"时,右手持扇齐耳,左手兰花指指向左上方,身体亦微倾,随后两手画圆弧形,左手再次指出;而下面的"又早东升",左手持扇齐耳,右手做兰花指指向右上方,身体半蹲。委婉的京剧四平唱腔配以恰到好处的形体动作,一个既美艳娇柔、又自怨自艾的杨贵妃跃然眼前。

美术学科: 以贵妃的服饰为范例,学习"绚丽多彩的京剧服装"。通过活动引导学生主动学习和探究,了解贵妃服饰的特点,感受其图案与色彩美,掌握服饰创作要领。根据自己的理解尝试写生或创作作品,体现图纹与颜色蕴含的京剧特色,提升创作表现力。

体育学科: 学习"跨步与醉步""扇子功""水袖功"。"跨步与醉步"的学习中知道两种"步"各自的定义,主要学习"醉步","醉步"分为男女两式,课中着重结合剧目学习女醉步。"扇子功"主要介绍分类及基本动作,学习贵妃在演唱时扇子的运用。"水袖功"主要介绍分类及基本动作,着重学习贵妃在表演时水袖的运用。

信息学科: 充分运用已学习过的网络搜寻功能,了解《贵妃醉酒》中《海岛冰轮初转腾》的故事背景、人物等。根据个人爱好,进行表演艺术家、人物服饰、表演招式等多方面的探究活动,创作主题鲜明、画面饱满、富有特色的京剧电子小报。

(二)探究型课程创新多元——激趣提能

三到五年级京剧实验班采用探究实践式方式进行"双语京剧"与"京韵诗情"的学习(1课时/周),做到多元融合,相得益彰。下面以《京韵诗情——〈咏柳〉(小学三年级)》一课为例,呈现教师的课堂教学的创新意识与能力,让学生在"心悦课堂"上享受京剧文化独有的博大胸襟与特有魅力。

活动一:在互动交流中引入课题

(一)教师提问:全班唱京歌《唱脸谱》

1. 在歌唱中你有什么感受?

2. 看来大家都喜欢京歌。把京剧和流行音乐结合起来,这真是一种好创意!下面请大家吟诵三年级的古诗《咏柳》。

3. 说说你对这首诗的理解。

4. 真是一首意境特别美的诗。你们的吟诵也表达了这种美。除了这种表达方式,你还想用什么表达方式呢?

（二）揭示课题《京韵诗情——〈咏柳〉》

活动二：学唱与体验

（一）播放《京韵诗情——〈咏柳〉》的视频，学生观看后，交流感受。

（二）教师简单介绍《咏柳》的创作背景。

（三）教师范唱《咏柳》。

（四）学生按京剧的声腔、声韵吟诵古诗《咏柳》，体会诗词的韵律和意境。

（五）教师口传，学生模仿学唱。重点指导解决曲目中的难点：前倚音、后倚音、一字多音、一字多音中的半拍休止、弱起拍、切分节奏。

（六）跟着老师演一演。

活动三：展示与评价

（一）小组活动：1. 组长带领进行歌表演预演；2. 小组内完成每个组员的自评和互评。

（二）小组展示：1. 自信有表情地独立表演唱；2. 念白和演唱与曲目完全吻合；3. 曲目音高、音调完全准确；4. 小组表演每位组员都参加，队形美观、有新意。

注：在各组展示活动中，师生共同对各小组进行口头评价。

（三）集体展示表演唱

表1　课堂教学观察评价量表

班级_____　姓名_____

等第	节奏	音准	表演	表现	教师评语
优秀 ☆☆☆	念白和演唱与曲目完全吻合	曲目音高、音调完全准确	自信有表情地独立表演唱	乐于参与小组活动，并积极合作互助	
良好 ☆☆	念白和演唱与曲目基本吻合	曲目音高、音调基本准确	基本能做到自信有表情地表演唱	能参与小组活动，并能做到合作互助	
需努力 ☆	念白和演唱明显快或慢于曲目的节奏或根本不对	找不准曲目音高、音调	集体表演唱中不能完成表演唱	能参与小组活动，但不能做到合作互助	

续表

等第	节 奏	音 准	表 演	表 现	教师评语
自评					综合评定：
互评					

注：此表在教师指导下完成；自评、互评用☆表示；综合评定由教师写。

活动四：拓展与延伸

（一）学生说说已学会的古诗，选择观看三年级的表演唱《京韵诗情——〈春夜喜雨〉》

（二）学生说观看后的感受，教师进行总结。

（三）课外延伸：1. 视频学习《京韵诗情——〈春夜喜雨〉》；2. 和家人一起欣赏视频《月光下的行走》片段。

1. 循着京韵，叩开想象大门

《唱脸谱》是京剧与流行音乐相结合的深受学生喜欢的歌曲。演唱中，学生把京剧与现代元素相融合的独特情趣淋漓尽致的表现了出来，产生京剧真好玩的想法。这种传统元素与时尚元素的巧妙混搭，让学生感受到创新带来的无以言表的美妙感。学生吟诵古诗《咏柳》、交流诗的韵律和意境，感受别具特色的传统文化，不由自主地引发了联想：如果把"京剧"与"古诗词"融合在一起，会产生怎样的效果？此时教师揭示课题，真是一拍即合、水到渠成。

2. 教学多元，沉浸京韵学习

学生在欣赏《京韵诗情——〈咏柳〉》的视频时初步体会到：古诗词别出心裁地配以全新创作的京剧声腔，别有一番韵味。同时印证了自己的联想是可行的，这种兴奋产生了极强的学习内驱力。教师的示范演唱更让学生感受到古诗词伴着京韵带来的全新视听享受，对老师产生了崇拜心理，双管齐下，把"要我学变成我要学"。通过背景介绍、诗意解读，学生知晓"起、承、转、合"的创作结构，体会曲目《咏柳》4句诗词的别出新意，生动形象地描写了诗人所要表达的自然活力和美好的春之景象。教师口传心授，学生念白、模仿、学唱，在"歌"的活动中，有效帮助学生掌握旋律的音准、节奏、声腔、声韵等难点，把握演唱时对曲目情绪、韵律的表达和古典诗词的美好意境。通过学生的模仿表演、自主表演，在"舞"的活动中,帮助学生更好地表现和刻画曲目中的人物形象和创作情感。教学过程寓教于乐,既能使学生感受京剧之美,又能将经典文化传承下去,真正让这条"渠水"清澈流长。①

3. 多元评价,激励精彩演绎

小组展示活动时,尤其是小组间的预演,让每一位学生直观感受同伴的演绎,促使大家都能积极主动地探索、学习,尤其是那些基础薄弱的学生也积极参与进来,大家在互补中共同提高表演水平。小组表演时充分运用自评、互评,既能挖掘学生个体学习的潜能,又能找出共性、易错的问题,以及解决的办法,培养小组成员间的合作及竞争意识。依托多样的评价方式、多元的评价内容的、动态的评价过程,使每一个学生在古诗词演绎上更高一等。

4. 拓宽视野,缔结文化情结

通过学习,学生体验了国粹京剧与古典诗歌结合的美好韵律,感受妙不可言的创新风格。兴趣正浓时,教师顺势引导学生回顾已学会的古诗,同时选择一首刚学过的古诗《京韵诗情——〈春夜喜雨〉》欣赏,满足了他们的内心需求。为了延续这种可贵的学习热情,教师推荐欣赏视频《月光下的行走》片段,力求从视觉上给学生带来美的享受,开拓视野,爱上"诗声一体、情韵同辉"的独特艺术表现形式,在多首古诗演唱的过程中更加珍视中华传统文化——国粹京剧和经典古诗,缔结浓浓的中国文化情结,做好"活化传承"。同时达到课已毕、趣尤浓、情正深、意未尽的效果。

(三)拓展型课程综合体验——明理知责

卢梭在其名著《爱弥儿》中说道:"最好的教育就是学生看不到教育的发生,而教育却实实在在地影响着他们的心灵,帮助他们发挥了潜能,这才是天底下最好的教育"。拓展型课程以综合融通的学习方式进行,拓宽学生的艺术体验途径,从而全方位掌握京剧的知识,学会欣赏、学会内化、学会表演,从激发学生表现力的"小

---

① 陈晓燕:《唱响校园京剧 彰显国粹魅力》,载《中学课程辅导(教师教育)》2016年第7期。

天地"逐步转化为创造学校生命力的"大舞台"。① 真正让京剧文化的浓郁芬芳香飘四溢,达到传承中华美德,助力德才兼备的育人效果。

1. 班队课(一至五年级)

"雏鹰争章活动——京剧特色章"(2课时/学期):各个年级以课程为载体,依据课程内容设立,让学生在争章、考章、颁章等过程中呈现学习成果。一共有11个京剧必修章:"生旦净丑"章、"京歌表演"章、"京剧邮票"章、"京剧明信片"章、"京剧服饰"章、"京剧写生"章、"京剧欣赏与学唱"章、"京剧名家"章、"京剧剧目"章、"京剧脸谱"章、"武行当"章。选修章在社区活动中产生,依据不同的社区资源,组织产生不同的选修章。自设章由队员与家庭自主完成,依据自己的兴趣与发展需求订立。

中队主题活动(2课时/学期):围绕学习内容进行中队主题会,培育民族精神。

2. 快乐半日活动

田园梨园社(三至五年级)(2课时/周):在学校普适性京剧文化课程学习的基础上,对京剧学习产生浓厚兴趣的学生自愿报名参加,社团约有50名学生。以经典节目排演的方式引领学生"闻香踏入梅深处",培养他们的艺术审美情趣与文化底蕴。田园梨园社是学校京剧文化课程建设对外辐射与展示的一张靓丽名片。

京剧文化社团群(三至五年级)(2课时/周):"田园梨园社"依循完备的社团建设制度,做到"教研一体""思行一致"的常态化、递进性研究,取得了具有一定推广价值的建设经验,带动学校其他社团与课程协同发展,实现了民乐与京剧、舞蹈与京剧、纸艺与京剧、皮艺与京剧等项目的无痕融通,创生了"京剧文化社团群"。各类社团表演的节目迎合现代人的审美与口味,并赋予更多的思想内涵与亮点,处处洋溢着京剧文化的独特魅力,吸引更多学生加入京剧学习的行列,汲取其中的文化精髓,人人争做传统文化的传承者、弘扬者。

阳光体育活动(一至五年级)(5分钟/天):全校学生做"京韵操"。将京剧中具有代表性的动作进行组合,汇聚京剧中精、韵、神的精髓,选择京味十足的音乐,在节奏明快、节拍速度恰当的伴奏下,学生如形影流水般全身运动,有效将人文精神、

---

① 吴洪玉:《在中小学开发、利用京剧资源的思考与实践》,载《上海教育科研》2012年第5期,第3页。

意志品格、艺术修养融于体育活动中。

3. 校园四季活动(一至五年级)

春季活动：创意性开展"京韵诗情"表演唱比赛。从语文教材中选择学生耳熟能详的诗、词，运用京昆曲音乐格律自编成诗歌演唱，将京韵与古诗完美融合，赋予传统文化新样态。

夏季活动："夏日煽煽扇送情——扇画京剧作品"。学生将自己的作品送给亲人、老师等，也送去夏日的丝丝清凉。

秋季活动：以"品魅力秋季 爱祖国文化"为主题。通过秋季的中华传统文化的深层开发，开启内心的丰富情感，体验与传统文化身心交融的独特气韵，是京剧文化的一场饕餮盛宴。如 2020 学年的秋季活动主要有：

"京剧情缘 精彩童年"——京剧小导师讲座

"红心向党 礼赞祖国"——全员红歌(京歌)大赛

"与京剧对话 品文化内涵"——高雅艺术进校园活动

"京韵魅美 强身健体"——京韵操比赛

"传古今文化 展今朝风采"——我是传统文化小达人比赛

"彩韵彩绘 爱我中华"绘画比赛

"传统佳节 弘扬文化"系列活动

冬季活动："冬日里的温情"。学生将自己制作的、富有京剧元素的作品参与爱心义卖，把自己对传统美的追求在公益性活动中传递与表达。

校园"四季"别出心裁的京剧文化探究与展示体验活动，让每个田园人感悟国粹深厚的文化底蕴和历久弥新的文化魅力，使其精髓入脑、入心、入行，为学生的快乐健康成长奠基，达到"古韵意境悠悠，体验惠泽心灵"的育人效果，形成言行雅正的良好校园氛围。

三、着力评价研究，提升文化价值

美国课程理论家斯塔弗尔比姆说："评价最重要的意图不是为了证明，而是为了改进"。在教学实践过程中，重视师生双方在教学中的过程性评价，教师在不断反思与总结中改进教学，全面清晰地了解学生的学习状态，关注学生，促进学生综合艺术素养和道德素养的全面提升。我们初步建构了"京韵润童心"课程教师行为评价量表，主要从"情感与态度、知识与技能、过程与方法"三个方面进行评价，以权衡实施方法与策略的可行性与实效性。

表2 "京韵润童心"课程教师行为评价量表

评价维度	评价参照标准	分值	得分
情感与态度	能充分认识京剧文化传承的重要性，主动对京剧文化进行研究，喜欢上京剧文化课	10	
	热爱京剧文化并具有一定的审美能力，对学科育人价值有充分的挖掘	10	
	调动学生积极参与，且获得成功的体验。渗透习惯与能力的培养，师生关系良好	10	
知识与技能	了解京剧校本资源的编写意图，明晰各个教学内容在整个教学中的地位	10	
	了解教材教学内容中各个知识点之间的联系，教学框架清晰，知识点的解析生动形象	10	
	具有一定的示范能力与京剧艺术表现力	10	
过程与方法	给学生提供丰富多样的学习与体验方式，促使学生全身心参与学习体验活动	10	
	能给学生独立探索与小组合作的机会，在艺术表达中领悟作品的内涵	10	
	评价有针对性，对学生有激励作用	10	
	注重知识的拓展，开发与培养学生的艺术创造力与表现力，汲取京剧文化的精髓	10	
等第评价		合计	
总体印象评价			
说明	A　　　　　B　　　　　C　　　　　D　　90—100　　80—89　　60—79　　60分以下		

教师作为评价的主体,根据评价标准对自身在课堂教学中的教学行为作出深入浅出的自我分析、自我反思,以发现问题,寻求改进方法。

我们根据学生的年龄特点、各学科不同的教学侧重点以及相应的知识学习目标,从"学习兴趣、学习习惯与学业成果"三个方面构建了"学生学习评价记录单",实行"一科目一评价"。下面以三年级第二学期《贵妃醉酒》中的《海岛冰轮初转腾》教学中的评价单为例:

表3 《贵妃醉酒》中《海岛冰轮初转腾》的唱段学习评价单(音乐学科)

姓名:		班级:	学号:		
学习兴趣	喜欢欣赏京剧剧目《贵妃醉酒》		□是 □一般 □否		
	能积极主动地投入京剧《海岛冰轮初转腾》的唱段学习		□是 □一般 □否		
学习习惯	主动探究唱段的特点、人物的情绪		主动 😆😊😐😕 不主动		
	认真聆听、仔细观察、积极参与		积极 😆😊😐😕 不积极		
学业成果	感知	了解《贵妃醉酒》剧目的由来	♥♥♥♥♥		
		京剧行当中青衣唱腔和表演的独特魅力	♥♥♥♥♥		
	演唱	能自信、正确、有感情地演唱《海岛冰轮初转腾》	能 😆😊😐😕 需努力		
		与同伴共同表演唱《海岛冰轮初转腾》	很精彩 😆😊😐😕 一般		
		互动	乐于展示演唱《海岛冰轮初转腾》	□是 □否	
			能根据要求评述自己和同伴的演唱	□是 □否	
			喜欢你的演唱理由 👍👍👍 □正确演唱 □情绪表达		
			心语:		
	综合等第				

表4 《绚丽多彩的京剧服装》学习评价单(美术学科)

姓名：		班级：	学号：
学习兴趣	喜欢京剧服装		□是　　□一般　　□否
	积极主动参与京剧服装的学习		□是　　□一般　　□否
学习习惯	主动了解京剧服装的特点		主动 😆😊😐☹️ 不主动
	积极参与尝试和讨论		积极 😆😊😐☹️ 不积极
	工具摆放整齐有序		有序 😆😊😐☹️ 无序
学业成果	感知	弘扬国粹京剧艺术的传统文化	😊😊😊😊😊
		感受京剧服装的独特魅力	😍😍😍😍😍
		能用线条和色彩表现京剧人物服装的特点	能表现 😆😊😐☹️ 需努力
			有变化 😆😊😐☹️ 一般
		京剧服装与京剧人物的搭配和谐	很和谐 😆😊😐☹️ 一般
		画面色彩丰富有变化	很丰富 😆😊😐☹️ 一般
	审美	乐于展示自己的作品	□是　　□否
		能根据要求评述自己和同伴的作品	□是　　□否
	互动	喜欢你的作品及理由 👍👍👍👍 □京剧人物造型　□人物动态　□舞台场景　□色彩搭配	
		心语：	
		等第	

说明：体育学科和信息学科有同样方式的学习评价单，这里就不呈现了。

"少先队争章活动"根据确定的不同章目进行设计,并对学生进行评价,下面以"京剧脸谱章"为例:

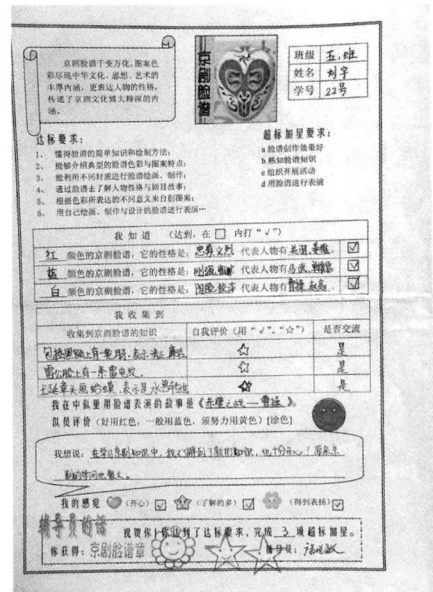
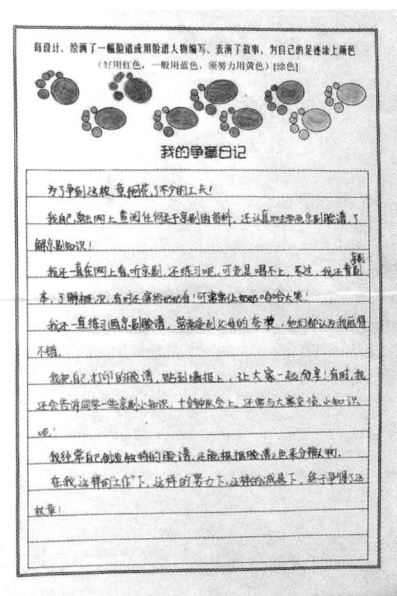

图 2　京剧脸谱章活动

四、构建学习生态,焕发文化魅力

(一) 校园环境是学习的感应场

学校厚重的京剧文化气息凸显着鲜明的办学特色,每一块墙壁、每一个角落都蕴含传统文化的熏陶。走进大厅,靓丽的"京剧小舞台"跃然眼前,每周一中午的校园京剧展演会如期而至,一个个"校园京剧小名家"登台亮相;循着大厅往西,整个墙面都是别具特色、布局精美的京剧文化宣传长廊,这里无声地诉说着学校京剧文化的发展轨迹以及累累硕果;教学楼各个层面年级组与班级的环境布置中都呈现着多样的京剧文化探究与活动的印迹;每周二校园电视台播放的《国粹芬芳》栏目,拓宽了交流的渠道;校园网的校园动态以及校园微信平台上,同步发布京剧文化相关的活动。我校通过构建多维立体的京剧文化表达方式,传递着每位学生在京韵余音绕梁的校园文化中幸福徜徉、快乐成长的信息。

(二)多元活动是学习的生命场

以京剧文化为主旨的校内外多元文化活动,拓展着参与对象。通过"全员京歌大赛"、学生"京剧创意争章"等活动把家长"圈入"京剧文化学习中;在学校与社区联谊共建活动中,学生表演京剧剧目、京剧元素作品体验展示等带动社区人员的积极参与;中国上海国际艺术节上学校京剧文化成果展示等,激发社会人员对京剧文化的喜爱之情。这种圈圈联动式的活动,架起学校、家庭、社区、社会四位一体的京剧文化学习热潮,延展了学习空间。在文化体验活动中感悟民族精神的时代内涵,坚守中华文化立场,树立民族自尊心与自豪感、光荣感与责任感,努力使传统文化得以延续,我们对此加以保护,予以弘扬,积极营造京剧文化传承发展的良好环境。

(三)课堂教学是学习的动力场

学校教师一贯秉承"善学需善思,善研为善教"的原则,坚持育人宗旨,遵循教育规律、技能形成规律和不同年龄段学生身心发展特点,寓教于乐,寓教于练,寓教于演,始终"以趣激学",让兴趣做到"前有激发""中有升腾""后有延展",努力寻找京剧文化课程教学的有效路径与模式,以达到最佳教学效果。

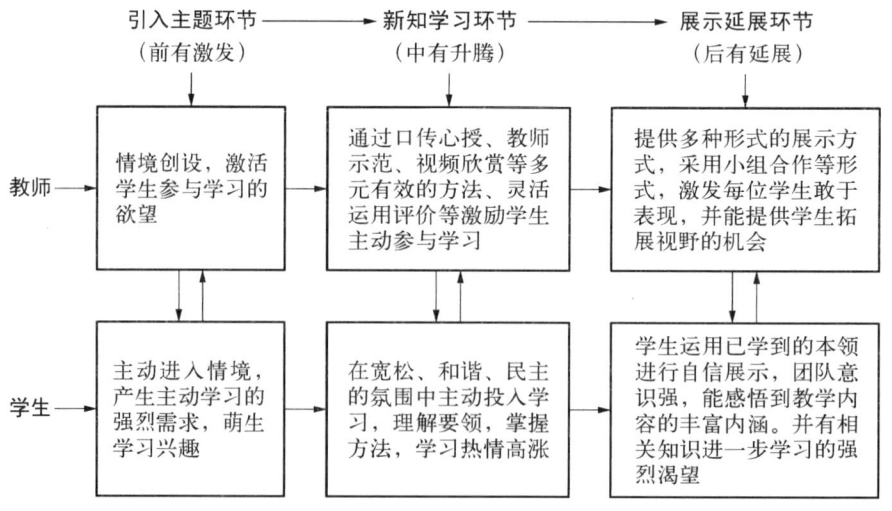

图3 "以趣激学"京剧文化课堂基本模式

本模式从京剧文化课堂教学的三大核心环节出发，倡导教师从学生的需求出发，运用新颖的教学方法和创造性的教学手段，激发学生强烈的学习兴趣，在引导学生自主探究的过程中理解与掌握京剧文化相关知识，并能通过各种方式展示学习成果。教师教得全身心投入、智慧迸发，学生学得津津有味，情感升华。师生都有各自的新思想、新观点和新做法，在思维碰撞中形成快乐的"学习共同体"，双方在不知不觉中实现着"自我超越"的预定目标，在"教"与"学"中共同感悟着生命的精彩，共同打造学习型团队、研究型团队。

"京韵润童心"课程全方位提供师生学习与体验京剧文化的空间，为校园文化注入一泓清泉，引领师生深刻践行社会主义核心价值观，实现"根植传统、多元理解、幸福成长"的课程目标，服务于学校"让每一个田园人成为更好的自己"的办学理念，融入学校"七彩田园课程"系列，促进学校课程体系整体价值的作用发挥。

以书画实践为载体的"大美育"育人体系的建构与实施

张勤凤　丁学玲

【摘　要】 美育对丰富人的想象力、培养人的创新能力、推动人的全面发展等,起着不可或缺的作用。然现实中存在将其等同于艺术学科教育、知识技能教育和特长生教育等问题。本研究以立德树人为根本,在社会主义核心价值观引领下,基于"乐美紫儿"的培育目标,建构了"理念—目标—实践—保障"四级联动的"大美育"育人体系:即以课程建设为核心,以教学与评价为关键,以视觉、听觉环境建设为辅助,多部门协同,形成校本审美课程,推行兼具渗透性、趣味化的审美教学,落实审美评价,达成全员参与、全程和全方位教育的"三全"审美教育。通过实践,学生掌握了书画印的相关知识与技巧,提升了品德与修养,根植了文化的自信。学校书画教育不断变革,产生良好的辐射效应。

【关键词】 美育;书画文化课程;学科融合;审美评价

【作　者】 张勤凤,上海市华东师范大学附属紫竹小学副校长、高级教师;丁学玲,上海市华东师范大学附属紫竹小学科研中心专管员、一级教师

一、现实存在的问题

美育是审美教育、情操教育、心灵教育,是新时代人才培养目标的核心维度。它对于丰富人的想象力、培养创新力、丰盈人的精神生命,促进人的全面发展等起着重要作用。但反观当前小学美育教育,存在以下问题:

(一)如何超越关注知识与技能为主的"小美育",走向以素养为本的"大美育"?

现实中很多学校将美育等同于艺术教育、知识技能教育和特长生教育,这是一种狭隘的"小美育"观,思考如何从开展"小美育"的实践走向关注素养的"大美育"是开展新时代学校美育工作的前提。

(二)如何破解个别化、零散化、片面化的美育实践,开展全员、全程、全方位的美育实践?

如何以书画教育为原点,优化资源,跨界融通,注重全员参与、全程和全方位教育,来破解当前美育实践中的困局——课程设计缺乏系统性、长效性,特色性融合程度不够,课程教学方式单一,组织形式局限于课内与校内,教学手段传统,教学评价难以贴合学生年龄特征,综合性不强,发展功能不强。

(三)如何突破泛化、低效的保障运作,建构有针对性、有效的保障体系?

当前美育师资培育内容泛化,多针对教师知识与技能方面的培训,而非聚焦美育能力,且培训方式传统,主要依赖讲授式学习等;资源建设和运行机制尚未从学校整体教育中剥离,缺乏独立性,效率较低。因此,如何突破当前困局,建构具有针对性和有效性的保障体系,是有效开展学校美育教育的基础。

二、研究的过程与方法

阶段一:文献调研,厘定核心概念;访谈调查,了解学生需求,明确以"素养为本"的"大美育"育人目标与内容

借助于文献法,查阅相关文献,形成课题文献综述报告。

美育应立足人的全面发展,以形象为手段、情感为内核,培育学生的审美素养,即审美知识、审美能力和审美意识。在"学校,让生命更灵动"的办学理念和"追真、

向善、笃美"的校风指引下,培养兼具"学古正心、慧创乐享、审美高雅"三种品质的"品行正、知能真、身心健"全面发展的"乐美紫儿"。同时,注重顶层设计,形成系统运作的机制和循环实践路径。

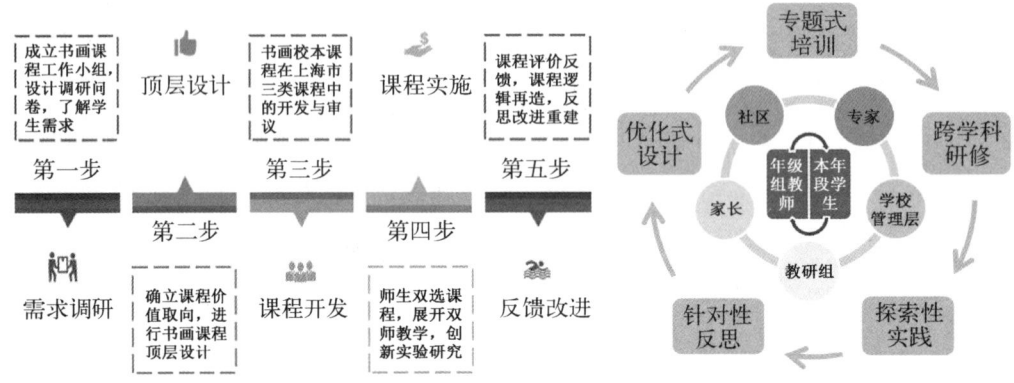

图1 学校美育系统运作机制

阶段二：开发与实施课程,紧扣素养培育,形成立体化美育新格局

以课程建设为核心,以教学与评价为关键,以环境建设为辅助,多部门协同育人,形成以弘扬传统文化为根基的美育校本课程,推行兼具渗透性、趣味化的美育教学,落实美育评价,达成"三全"美育教育。

阶段三：打造队伍,优化环境,设计具有针对性和有效性的美育保障支持举措

通过专业师资配置、跨学科研修等方法实现教师内涵发展；注重环境资源挖掘,形成育人环境；立足教育现代化,建立书画创新实验室,让保障系统成为审美素养培育的底层支撑。

阶段四：问卷访谈,评估反馈；行动反思,持续改进,提升育人实效

1. 借助于问卷访谈,评估育人效果,成果提炼,形成案例集。

2. 在行动研究中,不断反思,形成改进策略,完成研究报告,促进文化进行更有宽度、有深度的传播,达成"学校让生命更灵动"的育人理念。

三、主要内容

传统文化是学生发展的精神支柱,是美育教学的宝藏源头。为实现"以美育

人,以美化人,以美培元",我校从美的唤醒、美的课程教学和美的学习与评估出发,形成一套立体化的美育育人体系。

(一)建构以书画实践为载体的"大美育"育人体系

从立德树人出发,我校美育坚持社会主义核心价值观的引领,以培育"乐美紫儿"为目标,遵循儿童认知逻辑,贴近儿童学习生活,创校10年不断探索"大美育"教育,确立了以素养为本的认知观,形成"三个结合"指导下"三全教育"的实践观,建构了"理念—目标—实践—保障"的四级联动育人体系。

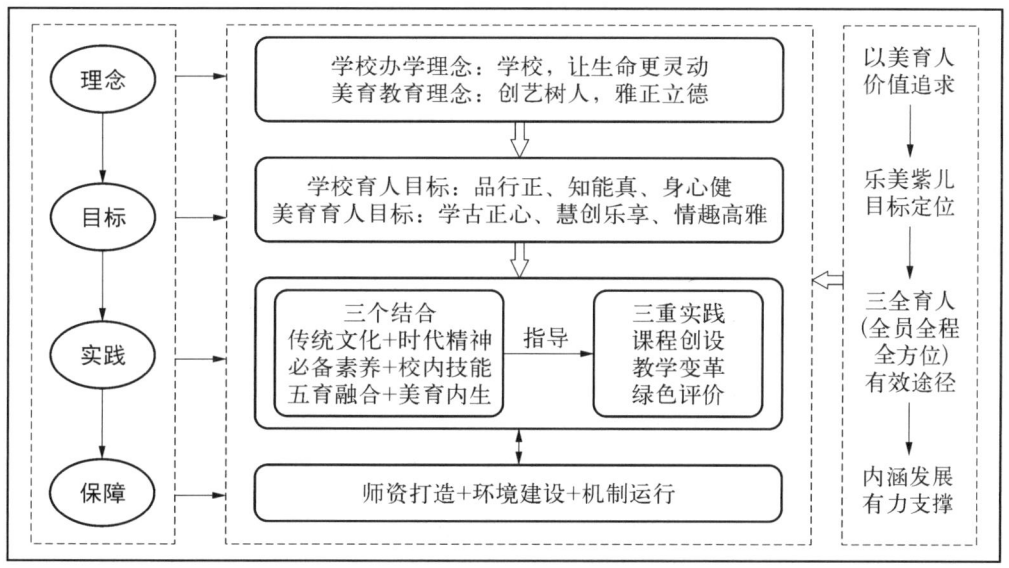

图 2　美育育人体系

(二)构建全员参与、全程与全方位教育的美育课程

以"注重激发学生艺术兴趣和创新意识,培养学生积极健康向上的审美趣味、审美格调,帮助学生掌握一定的艺术特长"为课程开发原点,遵循美育的内在特点和规律,坚持五育并举,注重学科融合,整合美育资源,通过必选与自选、普及与特长、校内与校外、课内与课外等相融通,整体架构起"三全教育"美育课程。

图 3 "天地人事"书画校本课程图谱(第一学期)

表 1 "天地人事"书画校本课程分布

课程名称	年级	天之篇		地之篇		人之篇		事之篇	
硬笔书法与汉字故事	一年级上学期	1.1	日月风雨	2.1	山水土石	3.1	我你她他	4.1	向上向善
		1.2	云阳星虹	2.2	苗叶花果	3.2	亲朋师友	4.2	勤思乐创
	一年级下学期	1.1	天光雪夜	2.1	草树豆瓜	3.1	首耳手足	4.1	感恩自然
		1.2	雷电冰霜	2.2	鱼羊蚁象	3.2	爸妈您好	4.2	低碳环保
软笔书法与文房四宝	二年级上学期	1.1	日与月	2.1	山与水	3.1	人与心	4.1	自由公正
		1.2	天与星	2.2	土与石	3.2	家与国	4.2	领巾旅行
	二年级下学期	1.1	飞鸟	2.1	草地	3.1	兄弟姐妹	4.1	领巾向党
		1.2	冰雪	2.2	爬虫	3.2	追梦永恒	4.2	同是追梦人
国画入门与文人故事	三年级上学期	1.1	燕子归来	2.1	青山绿水	3.1	瓜果遍地	4.1	丰收之秋
		1.2	公鸡啼鸣	2.2	翠竹拔节	3.2	蔬菜满园	4.2	大师进校
	三年级下学期	1.1	山间云雾	2.1	鱼虾满塘	3.1	百花成蜜	4.1	大师进校
		1.2	竹林风雨	2.2	骏马奔驰	3.2	绿野飘香	4.2	走进大学

续　表

课程名称	年级	天之篇		地之篇		人之篇		事之篇	
中国书画与装裱制作	四年级上学期	1.1	甲乙丙丁	2.1	高山流水	3.1	校风追真	4.1	尊师重教
		1.2	戊戌己亥	2.2	梅兰竹菊	3.2	向善笃美	4.2	走进社区
	四年级下学期	1.1	书为心画	2.1	道法自然	3.1	天地正气	4.1	行善积德
		1.2	静以修身	2.2	上善若水	3.2	勤思奋进	4.2	亲子书画
提高欣赏与篆刻体验	五年级上学期	1.1	篆刻之源	2.1	秦汉筑基	3.1	赏印之美	4.1	治印初探
		1.2	古玺探源	2.2	印者信也	3.2	君子如玉	4.2	小试锋芒
	五年级下学期	1.1	庄严之美	2.1	文人好印	3.1	浙思离群	4.1	好古敏求
		1.2	启迪民智	2.2	流派繁衍	3.2	皖派求新	4.2	崭露头角

坚持培育热爱美的学生，创造美好生活，拥抱美丽的社会与自然，学校根据学生发展的实际，以弘扬中国美育的传统内涵为目的，形成凸显年段特征、注重学科融合，分级拓展的"天地人事"校本书画选修课程。该课程从天、地（自然万物）、人（为人处世）、事（参与社会）四个方面入手，引导学生在学习中以审美的态度认识自我与自然、自我与他人、自我与社会的关系。学生从汉字和文人故事中感受书画文化的起源，从硬笔、软笔的书写体验中表达心中美好的愿望，从配乐欣赏与作品创作中促进真、善、美的素养提升。

为确保课程育人效果，学校制订课程总纲要，明确每一门科目开发的背景、课程目标、课程设计、实施策略，以及课程评价。全面翔实地阐述，为后续的教学设计指明方向。遵循"走进汉字或文人故事—观察追溯体验—多样书写绘画—多元评议佳作"的结构，编纂了一套学生读本。

"天地人事"课程不断衍生。学校利用微信公众号，以汉字为基因，开发了"二十四节气"系列微程、"疫路故事幸福＋"微课；在全年级开设汉字书画课，循"汉字溯源、诗文积累、人文典故、古今贯通"的线索，将书法、绘画、音乐、诗词、自然等巧妙融合，帮助学生树立审美观、历史观、国家观。同时，还将主题教育与场馆文化相结合，定期开设书画研学课；与永州、日本、英国等部分学校结为友谊校，定时开设书画交流课程。

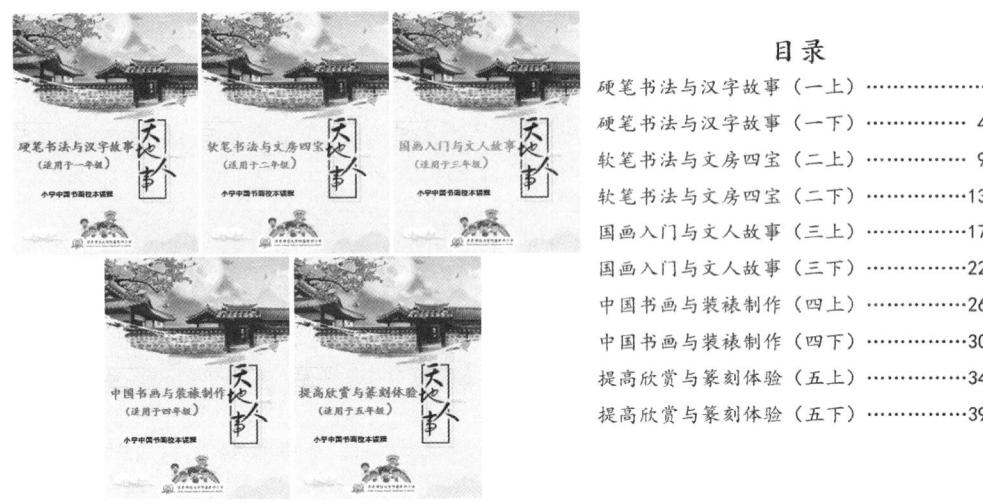

图 4　一至五年级校本书画课程读本

目录

硬笔书法与汉字故事（一上）……………3
硬笔书法与汉字故事（一下）……………49
软笔书法与文房四宝（二上）……………96
软笔书法与文房四宝（二下）……………135
国画入门与文人故事（三上）……………176
国画入门与文人故事（三下）……………224
中国书画与装裱制作（四上）……………264
中国书画与装裱制作（四下）……………307
提高欣赏与篆刻体验（五上）……………346
提高欣赏与篆刻体验（五下）……………397

表 2　书画课程构成

课程类型		课程重点	涉及学科/开展形式
国家课程		硬笔书法、书法应用、国画	必修：语文、书法、美术、数学等学科
校本课程	分级拓展课	硬笔书法与汉字故事（一年级）	选修：语文、书法、美术、音乐、信息等学科； 开展形式：快乐半日活动
		软笔书法与文房四宝（二年级）	
		国画入门与文人故事（三年级）	
		中国书画与装裱制作（四年级）	
		提高欣赏与篆刻体验（五年级）	
	主题拓展课	二十四节气系列微课	选修：语文、数学、英语、书法、美术、音乐等； 开展形式：网上自主观看
		"疫路故事幸福＋"系列微课	
		汉字拓展课（一至五年级）	选修：语文学科为主 开展形式：快乐半日
		博"悟"探究和"墨香之旅"研学课	全体必修：书法和美术； 开展形式：外出实践与交流

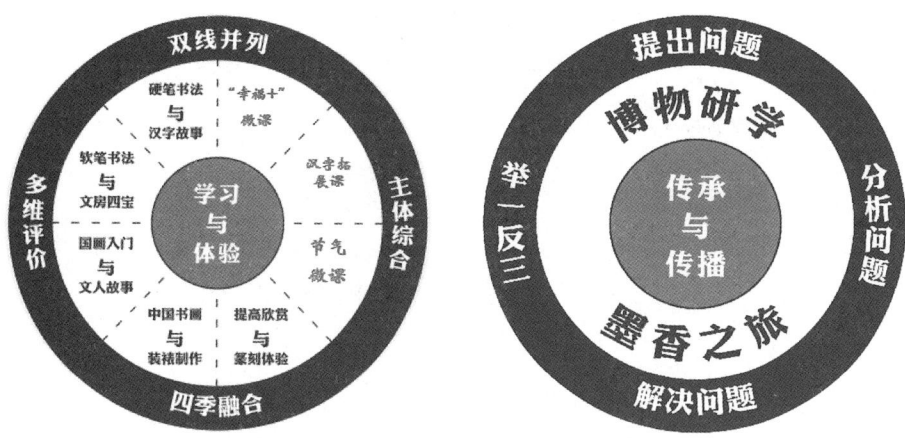

图 5 "天地人事"书画校本拓展课程图谱

(三)建立与美育课程相适切的教学方式

1. 坚持学生立场,建构氛围中的书画课堂教学模型

课堂教学是课程实施的重要环节,也是审美素养培养的关键。基于素养的实践性、思维性和对话性等特征,我校以"求知问学、慧创乐享、情趣高雅"为目标,教学中力图让学生在审美氛围中静心"观察"、大胆"表达"、积极"对话"、自信"创作"、爱上"思考",在教师注重文化浸润、跨界融合的设计中,在教师反思评价与价值导向中,帮助学生提升审美与创造力,弘扬民族精神,做一个全面发展的乐美紫儿。

2. 聚焦文化启蒙,形成校本课程兴趣化教学范式

美育不是让学生死记硬背艺术知识,更不是直接接受审美判断标准,而是在教师的引导下,以兴趣为先导,在真切的创作体验中,获得审美感悟、内化价值。学校创建的校本书画课程教学法,如历史溯源激趣法等,让学生掌握一定的审美知识,提升审美感知能力、想象能力、创造能力,内化

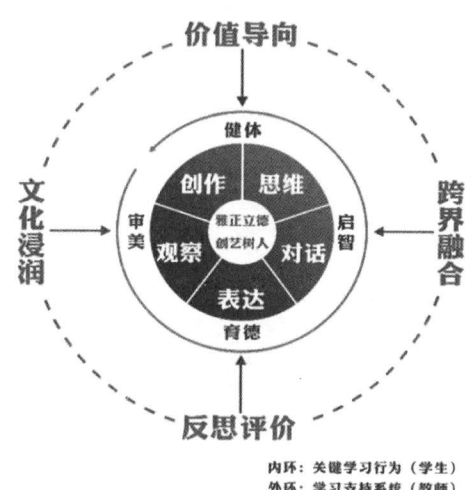

图 6 课堂教学模型图

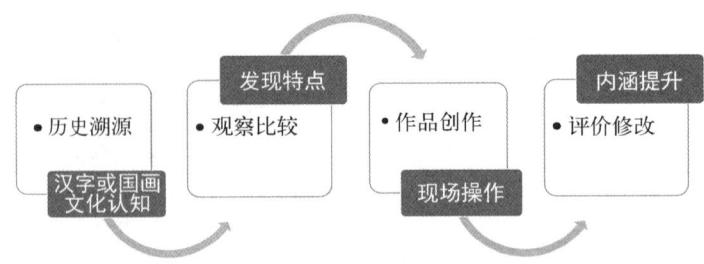

图 7　历史溯源激趣教学思路

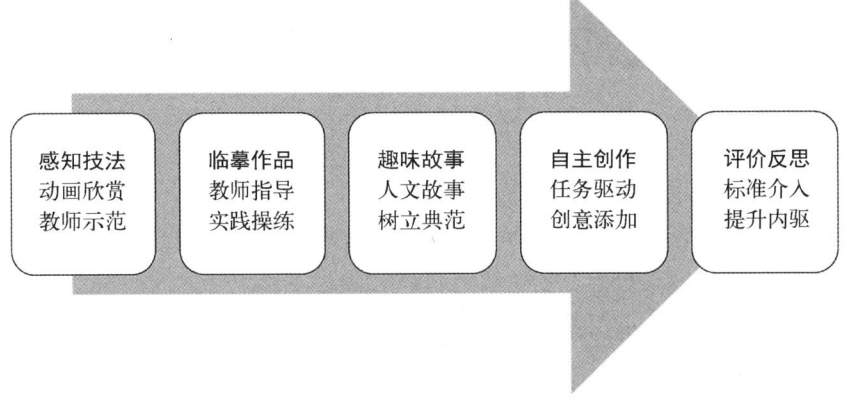

图 8　临摹创作增趣教学思路

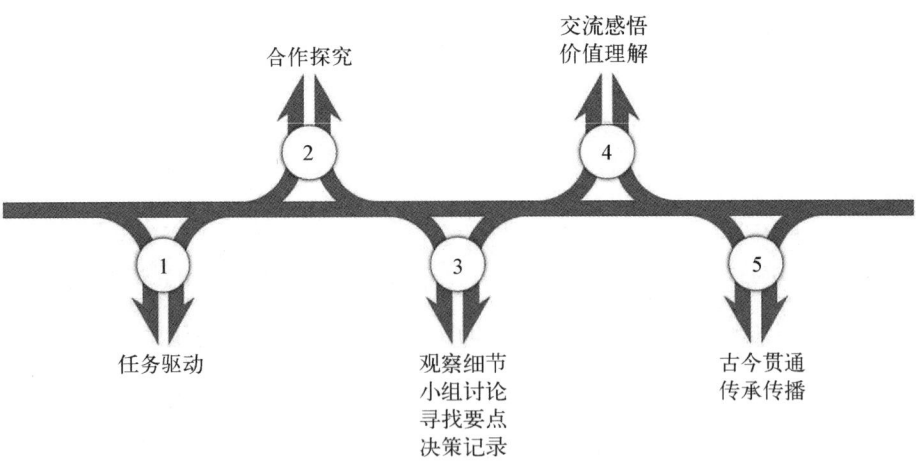

图 9　实践研学寻趣教学思路

价值,形成追求真、善、美的内在原动力。

3. 关注学科融通,形成可有机渗透的审美教学

学校注重学科融合式教学,并形成一条美育融合教学的实践路径,进行语文、美术与书画教育深度融合的学科教学探索,并由此延展,结合数学、唱游、自然、体育等国家课程的相关内容,形成基于主题、单元、活动、模块四点无痕渗透的学科教学,让饱含丰富思想观点、人文精神、道德规范、审美情趣的书画审美教学带动学校美育发展。

表3 2020学年渗透美育教学的学科活动

学科 年级	美术	语文	数学	英语	自然	体育	道法
一年级	元宵画汤圆	象形字,来找家	惜时间:画我的一天	制作Mini book青蛙成长记	我爱大自然撕贴画	折折纸飞机	制作春节贺卡
二年级	端午画粽子	学四史,书文化	蹦蹦跳:统计跳绳	制作Mini book森林探险记	种子的萌发	画画足球小将	画画家乡新变化
三年级	新年牛写福	忆成长,文传情	巧手绘:水墨扑克牌	制作Mini book动物植物	牵牛花的成长	图画游泳日记	设计校园垃圾分类标志
四年级	汉字变成画	诗配画,传雅韵	"慧节粮"节粮宣传	制作Mini book我的家庭	绘制水循环	设计运动会图标	弘扬家风书画赛
五年级	画画校园十景	庆十年,书画情	迎新年:制作最牛年历	制作Mini book旅游计划	紫藤生成图	亲子运动图文记	民间艺术品展览

4. 信息技术赋能,实现智能化云端个性化学习

信息科学技术为落实美育开辟了新的路径。学校以书画创新实验室为载体,融通文本、图像、声音、动画和视频等多媒体方式,借助于二维扫码等方式,让学生随处可学习、交流审美心得,以此增强审美感受,延展教学时空。

(四)建构了校本课程审美素养的评价方式

美育评价不是等级考试,更不是专业技法评比,其目的在于增进学生认识与体

图 10 软笔书法"向善"书写示范微视频

验美、感受与欣赏美、创造与运用美的能力。在校本美育课程的评价中,我校以中国学生核心素养方向,进行综合性、表现性和情境性的评价。

1. 基于日常教学的低年级"二维兼得"绿色表现评价

低年级评价抓住课堂教学,结合中国学生核心素养,从"课堂表现"和"成果作品"两个维度对学生进行综合性评价。评价时,针对低年级学生的认知、心理发展等,我们更加关注学习过程中所流露的审美情趣、审美创造力等通识能力,而对专业的审美表现、专业审美知识的运用则相对弱化。

以《一年级硬笔书法与汉字故事》为例,从四个方面进行评价(见表4)。其中,书写力(专业的审美表现)仅占 25% 的权重。每一项能力分 A、B、C 三个等级,兑换"竹叶",以在学期结束时争得不同领域的勋章(大雁章、鼹鼠章、蜜蜂章、灵猴章分别代表兴趣与专注度、理解与创造力、姿势与书写力、表达与欣赏力)。

表 4 一年级《硬笔书法与汉字故事》学习表现性评价

奖章名称及成果类型	评价方向	书画学习过程性综合评价	
		具体能力指向	评价等第及评价三级标准(A 等级获得三片竹叶,B 等级获得两片竹叶,C 等级获得一片竹叶)
	学生核心素养领域		

续　表

硬笔书法与汉字故事（一年级书法学习综合评价）	健康生活（审美情趣）	兴趣与专注度	A 课上能保持专注力，善于思考，勤于钻研，乐于参与课堂互动
			B 课上能保持一段时间的专注力，在老师引导下愿意思考，参与课堂互动
			C 课上不能集中注意力，不主动参与课堂互动，需要老师反复提醒和督促
	科学精神（审美创造）	理解与创造力	A 能听懂老师的讲解，能围绕书写主题，规范地书写，自由创作
			B 能听懂老师的讲解，能围绕书写主题，按照要求书写创作
			C 不理解老师的讲解意图，偏离书写主题
	学会学习（审美表现）	姿势与书写力	A 书写姿势正确，笔顺准确，笔画规范有力，结构合理，大小整齐美观
			B 书写姿势正确，笔顺准确，笔画规范，字迹端正，大小一致
			C 执笔、坐姿不规范，部分笔顺不正确，笔画书写不准确，字大小不一
	人文底蕴（审美鉴赏）	表达与欣赏力	A 能大方地介绍汉字蕴含的小故事和自己创意组字的意图，也能欣赏同伴的书写，并根据评价标准给予评价
			B 能尝试介绍汉字蕴含的小故事，对自己创意组字的意图说不清楚，喜欢同伴的书写，但不会做出评价
			C 比较害羞，需要在教师或同伴的不断鼓励下简单介绍汉字小故事，无法表达自己创意组字的意图，也不会对同伴书写做出评价

2. 基于综合性活动的中高年级"四类三级"书画成果评价

我校借助于综合性主题活动，以学科内容知识为支撑，从传统审美文化特有的概念出发，设计"墨韵传神奖""落笔展艺奖""妙笔生花奖""金石华彩奖"四个奖励，以适切的三级评价标准，对学生书画学习进行立体多维度评价。其中，相比低年级，中高年级加重了专业审美表现和审美知识应用的评价，以"墨韵传神奖"为例。

表 5　中高年级"墨韵传神奖"评价标准

奖章名称及成果类型	评价方向		书画学习过程性综合评价
	学生核心素养领域	具体能力指向	评价等第及评价三级标准 (A 等级获得三片竹叶,B 等级获得两片竹叶,C 等级获得一片竹叶)
墨韵传神奖(软笔书法作品及装裱)	科学精神 (审美创造创造)	理解	A 能听懂老师的讲解,能围绕书写主题,大胆思考,自由创作
			B 能听懂老师的讲解,能围绕书写主题,集字创作
			C 不理解老师的讲解意图,偏离书写主题
	科学精神 (审美表现)	布局	A 章法布局合理,落款和印章位置正确
			B 章法布局基本合理,略有错落,落款和印章位置基本正确,行书落款略显稚嫩
			C 章法布局错落较大,大小不一,落款和印章不协调
	学会学习 (审美表现)	书写	A 笔画劲健,追随古帖,富有神韵
			B 笔画粗细有变化,主笔突出,间距均匀
			C 笔画粗细变化不明显,主笔不突出,结构松散
	实践创新 (审美应用)	运用	A 作品表面平整;覆纸四边齐整;托裱过程完整
			B 作品表面平整;覆纸四边不垂直;托裱过程完整
			C 作品表面有散墨现象;覆纸四边不平;托裱过程不规范,需要教师指导帮助
	责任担当 (审美协作)	合作	A 能在组长带领下分工明确,装裱过程安静有序,操作规范,记录完整,能自觉清理残留垃圾
			B 能在组长带领下有分工,装裱过程有序,能完成操作,但记录不完整,有些许垃圾残留
			C 组长分工不明确,装裱过程杂乱,没有记录意识,清理垃圾不及时,需要教师持续跟进指导

续 表

墨韵传神奖（软笔书法作品及装裱）	人文底蕴（审美鉴赏）	表达	A 能清晰地表达自己创作作品的意图；能从布局和书写两方面正确评价自己的作品
			B 能表达创作作品的基本想法；能在教师或同伴的点拨下，说出自己作品的优缺点
			C 说不出自己创作的想法；能在教师或同伴的点拨下，找到自己作品的优缺点

（五）形成促进教师美育能力提升的教师专业发展系统

聚焦教师育美能力的内涵式发展，我校开发教师书画课程，让教师在参与式、探究式的学习中，感受美、鉴赏美和创造美；定期召开跨界教研、专家讲座等，改善教师的育美观、提升育美标准、树立育美理想；创建"书法创新实验室"，重构校园文化建设，全面保障美育实施。

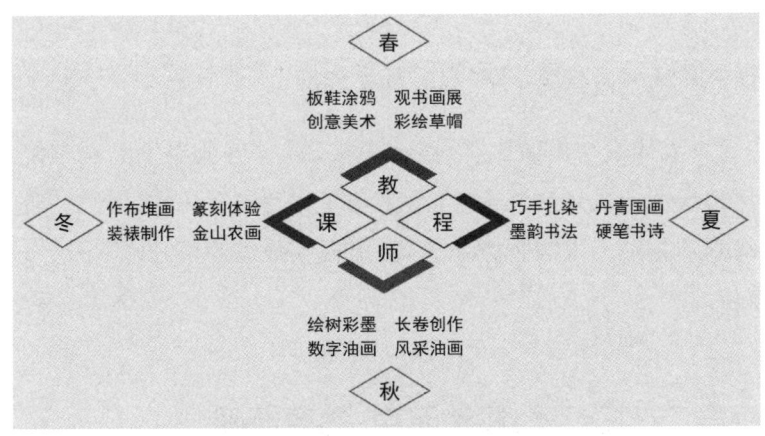

图 11 "妙手丹青"教师课程内容

四、实践成效

（一）培养了一批审美素养高、综合素质强的优秀学子

通过 10 年探索，学校师生在全国市区级获奖 100 余项，其中 12 位紫竹学子获

"上海市书法作品丹顶鹤奖"，崔树强家庭被评为"市书香家庭"。4名学生获2019—2020年上海小学生古诗文大会"桂冠少年"荣誉，一等奖2名，二等奖23名，三等奖43名。程赫同学在传统文化方面表现优秀，初中连续两次获得古诗文大会"上海市二等奖"。

（二）深化学校课程变革，促进教育教学优化

学校将书画文化教育融入日常，尤其在近两年精心设计系列主题活动42次，包括毕业书画展、师生书画大赛和"优良家风"书画活动计11次；假期书画实践和日常校园书画体验活动计11次，教师体验、名家进校指导以及国内外参观研学计20次。2017年6月，学校成功申报"区级书画创新实验室"，为书画项目研究提供有力保障。2018年5月，学校成为"上海市书法实验学校"。2019年11月，学校被授予"上海市书法示范校"。2020年，"雅正立德，创艺树人"书画专题视频被评为"上海市中小学校园专题类一等奖"。2021年8月，书画成果获"上海市教科院第七届学校科研成果三等奖"。

（三）辐射区域美育发展，产生良好社会效应

学校美育育人体系与市区比赛、展示等接轨，学生获奖率高。围绕美育教育，曾召开市、区传统文化现场交流会4次，受到专家和同行一致好评。不同媒介争相报道，如市级媒体报道与发表视频4个，微信报刊报道5份，杂志报道5份，带来良好的社会效应。

五、反思：追真无涯，润物无声，创意无限

（一）追真无涯，向善笃美

两年来，我们把"雅正立德，创艺树人"的审美教育理念持续渗透教育教学的方方面面，而评价的研究，也让我们的教育教学得到切实保障与激励，基本达成更高更美的"乐美紫儿"之目标，教师的育美能力也得到显著提升。在今后的工作中，需要不断地反思对照，改进改善，要前移后续，精磨课堂教学，扎实开展主题活动；还需要进一

步做好个性化教学,引导学生化兴趣为志趣,以工匠精神主动创造。在"互联网+""教育大数据"的时代下,尤其是书画校本课程中的云端课程建设要加强力度,让课堂、课程、教法、学法没有边界,最大程度地满足师生个性化与多样化的学习需求,促进教师教学方式和学生学习方式的转变,实现个性化、社群化、自主、泛在的学习。

(二)如水入泾,润物无声

在学校美育推进中,我们不断丰富传承与传播的途径,打破班级、学校的围墙,打破年龄的界限,让师生建立起新的学习生态。目前,线下通过"书画教学、主题活动、教师课程和家长讲座",线上通过"扫码云端学习、iPad讨论区作品呈现评价、上网欣赏作品"等方式让师生共同传承中国传统书画文化,提升审美情趣与能力,以此陶冶性情,完善人格。同时,开辟"书画圣地(永州)研学、博物馆之旅、赴外(日本、英国)文化交流、书画作品参展、迎宾长卷创作、走入家庭社区"等途径,将中国书画文化之美传播出去。未来,我们将通过线上线下优势互补,有机结合,不断拓宽途径,让如水的文化,透过不同的学习体验流进师生心田,从而建立自信,化为自然而然的传播行动。

(三)全面保障,创意无限

资源让书画教育更丰富,信息技术让审美教育更便捷。未来学校将立足"互联网+"背景,变革学校结构与组织,不断拓展时空,重构课程,让课程与信息技术交融,形成数字化的学习实践平台,让每一个孩子都找到适合自己的学习生活。我们将从书画校本审美教育出发,向高等院校、教育主管部门、高新社区等寻求更多的书画文化资源支持与合作机会,用好财力、物力和人力,用足空间和时间,全面保障学校审美教育的深入研究,激发师生的无限创意,美美地享受文化的浸润,享受艺术的熏陶,创造幸福的学习生活。

方寸之间,蕴含无穷奥秘;泼墨挥毫,展现中国自豪。专家、教师、学生、家长等多方联合,构成学校审美教育工作的同心圆,师生、家校沉浸于"心手双畅,形诸刀笔"的创造美的学习中,一笔一画写"人"字,丹青画"竹"敬大师,一刀一寸刻"心"印,翰墨凝"爱"创新诗。

未来,我们将继续以示范性学校的身份,做优书画教育,做优美育教育,发挥辐射引领作用,让美育教育成为紫小人生命成长历程中最美的一道彩虹。

新时代以"京昆艺术"为龙头的中小学戏曲教学新探

——从"戏曲课程班"到"戏曲进课堂"的思考

李保忠

> 【摘　要】　在新时代教育视域下,学校应怎样搭建以"京昆艺术"为主的基本表演体系;怎样在中小学音乐(艺术)课堂中实现戏曲综合教学;怎样通过戏曲学习提高当代中小学生的核心素养;怎样落实"以美育人,以美化人,以美培元"[①]的美育教育目标,本文将对这些问题进行全面和深层的探讨。
>
> 【关键词】　新时代;中小学;戏曲教学
>
> 【作　者】　李保忠,上海市秋萍学校高级教师

2020年1月上海市教委等六部门联合印发了《上海市中小学艺术工作管理办法》,推动学校艺术教育联动"一条龙"的发展规划和统筹布局。文中指出:"中西器乐(含管乐、弦乐)、合唱、舞蹈、戏剧(含戏曲、影视、朗诵)及美术(含书画、篆刻、设计)5个项目为各区必选的布局项目(以下简称'重点项目'),在此基础上,在具有育人效应的非遗、中华传统及海派文化等项目中选择若干个进行布局(以下简称

---

① 中共中央办公厅、国务院办公厅:《关于全面加强和改进新时代学校美育工作的意见》,2020年10月。

'推进项目')。"①该办法旨在以市级示范性高中牵头,各区全覆盖的方式推动新时代学校艺术教育的全面发展和进步。

截至 2021 年 6 月,上海市中小学美育骨干教师(戏曲)艺术课程改革第三轮专项课程培训班暨首届戏曲微课制作大赛完满收官。培训为来自上海市各区的音乐(艺术)骨干教师打开一扇通往京剧、昆曲等国粹戏曲艺术的大门,在京昆大观园里全方位、全角度地接触、感受、体验有关以"京昆"为主的古老而又绽放青春光彩的戏曲艺术教学。

学员们通过系列"戏曲课程班"的培训学习对"戏曲进课堂"这个熟悉而又有专业距离的中华传统国粹艺术课程有了教学的新感受、新思路和新策略,明确了如何在中小学音乐(艺术)课堂中实施以"京昆艺术"为主的戏曲艺术欣赏、体验、教学等实践活动。

一、新时代"戏曲进课堂"需要全面接触和了解京昆等戏曲行当的基本表演体系、表演模式和文化蕴涵

目前普通中小学的戏曲教学还是以欣赏教学为主,但还是会出现音乐(艺术)教师在面对京剧、昆曲等戏曲艺术门类时,常常会受限于专业力、认知力、课时量、硬软件配置等因素,而心有余却力不足地只是进行浅尝式表面化教学的情况。

在三轮"戏曲课程班"的培训中,学员们熟悉和学习了戏曲专业的知识体系和基础表演模式,培训涵盖"戏曲进课堂"所需要的基本理论知识、基本表演体系认知和舞台表演实践操作。中小学音乐(艺术)教师只有在全面接触、了解、实践戏曲行当后,才能根据自己的实际状况有的放矢地安排戏曲课程或校本拓展戏曲课程。

(一)以京剧三大美学特征——程式性、虚拟性、综合性为导向全面了解戏曲基本表演体系和表演模式

戏曲舞台艺术的美学特征是博大精深的,在文本与台词、舞美与造型、音乐与表演、唱腔与伴奏、化妆与脸谱等表演分类上形成了一套相互牵涉、相得益彰的综

---

① 上海市教委等六部门:《上海市中小学艺术工作管理办法》,2020 年 1 月。

合性、格式化和规范化的表演程式和教学范式。戏曲创设舞台形象和表现空间的艺术手法极其丰富,其表演艺术更趋于虚实结合、以虚代实的想象化、虚拟化的综合表现手法,能最大限度地超脱舞台空间和历史时空的限制,展现戏曲艺术之美。

基于以上艺术分析,我们以京剧代表性的三大美学特征——程式性、虚拟性和综合性为关键词,将戏曲教学空间进行条目模式的分类,这对浩如烟海的戏曲艺术来说有着事半功倍的效用。

具体而言,包括京昆等戏曲种类的发展历史和基本艺术特征;以京剧为例的各行当和名家派别的代表性人物、艺术特征及代表作赏析;名家唱段的体验性演唱实践;京剧锣鼓经中单乐器与多乐器的合作演奏实践;以京剧生、旦角化妆为例的流程体验以及其他戏曲种类的独特表现介绍;以京昆为例的戏曲服饰与样式及其包含的历史与文化涵义等系列化配套拓展课程的设置。这样我们就在中小学音乐(艺术)课堂中较完整地搭建了戏曲艺术教学的信息框架脉络,为新时代的中小学生传递一本较完整的戏曲综合艺术画卷。

(二)在"戏曲进课堂"的教学过程中有意识地融入传统文化,将戏曲背后的文化内涵呈现给中小学生

戏曲艺术历经数百年历史和人间的大浪淘沙后成为中华传统文化艺术的一个象征,京剧更有"国粹"的文化层次,是非物质文化遗产。这种"国粹"所蕴涵的文化价值必然也是灿若星辰般的耀眼和广博。中小学音乐(艺术)教师在教学中应当有意识地去推介、引导、普及和发扬。

"戏曲进课堂"力争让新时代的中小学生从戏曲文化范畴中了解历史、了解传统、了解处世;通过戏曲脸谱、服饰、唱段、唱腔以及举手投足的程式化模拟表演中感受文化底蕴、体会美学情趣、体验人生哲理、提升核心素养。

二、中小学音乐(艺术)课怎样构建"戏曲进课堂"的综合教学策略

上海市义务教育阶段中音乐课程关于京昆等有关戏曲的学习内容不多,目前上教版主要集中在小学三年级下册的现代京剧《红灯记》欣赏片段、四年级上册的

《唱京剧》和六年级下册的梨园金曲单元。我们现在完全可以从课堂教学三维教学目标上拓展篇幅、增加教学资源，并且在合适的外部条件下组织中小学生参加校内外的戏曲实践体验活动。

（一）构建以"京昆艺术"代表性曲目、唱段等教学资源所串联的戏曲知识技能体系和教学基本模式

鉴于戏曲的专业门槛，我们不能一蹴而就，需要潜移默化的引导和系列化、层次性的开展戏曲艺术课程。坚持积累，逐步架构和组织相关的戏曲知识技能体系，在课堂教学中探索如何使用信息化载体，通过京韵操、京歌、京昆选段、京昆课本剧等不同形式、不同难度、不同情境的多元化教学模式，积极稳妥地开展"戏曲进课堂"的体验与学习。

中小学音乐（艺术）教师在全面了解"京昆"这个专业门槛极高的国粹艺术概貌后，怎样组织戏曲系列课程，如何搭建戏曲课程框架，如何实现课堂三维教学目标，怎样通过课堂实践活动让中小学生体验、了解戏曲艺术精华。这在以前也许是"摸着石头过河"，基本靠教师个人。现在至少是"依样画葫芦"，知道该怎么组织实施。

中小学音乐（艺术）教师全方位参与戏曲教学不仅是"教与学"的关系，还要有"一起玩"的融入意识。搭建经典唱段、精彩片段、关联艺术门类知识点的教学资源库，通过多角度、多形式的课堂教学为中小学生提供模拟舞台。鼓励师生合作扮演好自己的角色，"玩"得越开心越能深入戏曲天地中，这就是文化传递、文化认可和文化自信的中小学呈现角度。

（二）明确基础教育行业传播戏曲艺术的多维化目标以及对"戏曲进课堂"综合教学体系的清晰认知

我们以戏曲的文化价值为课程依托和底蕴，通过多主题、系列化戏曲艺术教学和组织生动有效的戏曲实践活动提升中小学生戏曲审美情趣，培养中小学生面对戏曲文化艺术活动的鉴赏能力、表现能力和创设能力。通过实际参与、体验提高中小学生对戏曲艺术的兴趣，使其能积极主动地传播中华优秀传统文化。

戏曲综合教学体系应包括开设戏曲类文化普及知识课程，以京昆为代表的戏曲知识讲座等多种教学形式。通过丰富的平面、立体和虚拟VR教学资源，让中小

学生从欣赏到感受、从体验到实践、从兴趣到理解,全面接触戏曲艺术文化。设定多层次、多梯度的综合教学目标,引领学生对唱、念、做、打的戏曲表演手法和伴奏乐器等均有更全面的了解。

具体的戏曲项目化教学方式包括开设"戏曲知识讲座"引导学生接触戏曲艺术;举办"京昆(或某剧种)互动式演出"吸引学生体验戏曲舞台艺术;以观摩"某类戏曲优秀剧目"为途径指导学生赏析戏曲作品;以组建"戏曲社团"为媒介引导学生参与戏曲表演实践,做到"丰富艺术实践活动。面向人人,建立常态化学生全员艺术展演机制"①。力争以多样化的教学方式使学生通过体验、实践和探究,提升对戏曲文化的认知、感受。

三、提高学生以"京昆艺术"为主、以戏曲艺术为媒介的综合性传统文化认知

当代中小学校园是美育教育的重要载体和传播基地。随着教育国际化和教学智能化,戏曲艺术作为中国传统文化的世界符号之一将会有更广阔的发展领域和发展范围。"戏曲进课堂"也将在新时代中小学音乐(艺术)教育中有更大的发展空间和更明确的发展方向。我们对音乐(艺术)课堂中的戏曲教学要有全新的认知,重新审视戏曲艺术对中小学生的文化理解和审美传播价值,不应仅仅是文本层面的表述,还包含通过实践参与对中国戏曲文化的创新与呈现。

在新时代文化的整体表现中,大众的审美趣味、价值取向、传播方式等都发生着深刻的变化。新时代视域里的中国文化在与西方文化的交流碰撞中凸显出深刻的艺术价值和深远的民族魅力。中小学校"加强美育学科研究水平,特别是中华优秀传统文化美育课程研究,推出一批优质美育课程并增加其覆盖面"②。我们通过推动中小学生体验国粹、感受传统,在唱、念、做、打的动态戏曲程式化教学和综合体验过程中,使其不断提升核心素养;在课堂即舞台、舞台是课堂的传播过程中,使其体会中国人文风情和传统古典文化之美,这就是中流砥柱般永续存在和不断进

---

① 中共中央办公厅、国务院办公厅:《关于全面加强和改进新时代学校美育工作的意见》,2020年10月。

② 上海市教委等六部门:《上海市中小学艺术工作管理办法》,2020年1月。

步的文化认知和文化自信。

新时代以"京昆艺术"为代表的中国传统戏曲艺术在鼓乐铿锵、戏腔婉转和水袖舞动中散发出浓郁的中国气息,令人沉醉。中华文化里的戏曲艺术瑰宝在新时代的中小学教育中需要努力传播,才能延续这份数百年的灿烂辉煌。

上海市三轮"戏曲课程班"培训时间长、任务多、体系大、门类繁。以上海市光明中学、上海师范大学影视传媒艺术学院为代表的一批戏曲特色艺术学校和专业,有一整套的教学资源、教学思路、教学经验和教学积淀,是值得我们学习的。这类戏曲特色学校和特色专业,一直走在上海市甚至全国的戏曲文化传播前列。特别是学校管理团队整体参与、融入戏曲基础课堂教学,以全校一盘棋的方式全面推广戏曲艺术,是我们要学习和借鉴的,也是普通中小学校全面推广"戏曲进课堂"的范本之一。

提炼特色，博采众长

——紫竹园中学美术特色"工作坊"校本教研的实践探索

朱 宇

> 【摘 要】"工作坊"作为一种美术研修方式，集理论与实践为一体，打破了以往教师个体单独教学的传统模式，借助于集体的智慧，在"探索—实践—研讨—再探索—再实践—再研讨"的循环上升中，有效提高了自身的教育教学智慧和综合素质，也提供了全新的教学研究的可能性。紫竹园中学艺术组的教师们，拥有不同的专业特长、多样的思维角度、较强的学习能力。开展"工作坊"教学研究10年以来，实现了学科素养更好的落实、教师更好的成长、学校特色更好的建设。因此，"工作坊"成了最适合我们的校本教学研究方式。
>
> 【关键词】 美术特色；校本教研；实践探索
>
> 【作 者】 朱宇，上海市紫竹园中学一级教师

时代的发展不断对学校美育工作提出新的要求。上海市紫竹园中学在美术特色办学的道路上，紧跟时代脚步，坚持以美育人。在实践中更新教育理念，不断摸索更适合学生发展的美术教学形式，探索一条以美术为基础、以"美创"为特色的新教学途径，围绕核心素养的要求，完善既关注传统又强调创新，既能彰显美术特色又能适应学生个性发展的课程架构。这样的教学理念，有利于学生综合素养的全

面提高,同时也为美术教师的教学能力提高和队伍发展建设确立了更高的目标。

为应对不断更新的发展需求,紫竹园中学美术教研组每年定期开展"工作坊"校本教研活动,至今已坚持10年。2011学年,当我们首次开展"工作坊"时,教研组是一支年轻的队伍——教师们分别来自艺术教育、国画、油画、版画、雕塑、设计等不同专业。因为年轻,大部分老师尚未形成成熟的教学风格和体系,且有不少教师教学经验相对不足、对高中生的学习特点了解不够充分,但同时,我们拥有不同的专业特长、多样的思维角度、较强的学习能力。在充分考虑这些优势和不足的情况下,为在适应学校发展的前提下更好地实现教师发展,"工作坊"成为最适合我们成长的教学研究方式。

一、主题式教研关注学生需求

"工作坊"的研究课开始之前,组内教师们会进行第一次研讨,主要是交流现阶段教学中遇到的重点难点问题,从寻找解决办法、落实核心素养入手,确定研究课的主题。选题的基本原则是关注学生实际需求,切实提高学生能力,每年都会针对不同时期教学活动中遇到的关键问题,进行更新调整。

表1 2011—2020学年美术"工作坊"的主题

时间	课题	研究的主题
2011学年	生活艺术的创造	激发创意思维,促进个性发展
2012学年	在平面绘画中表现空间感	夯实学科基础,体现德育渗透
2013学年	重拾年画的记忆	拓展审美眼界,理解文化内涵
2014学年	眼睛的结构	重视分析实践,促进审美理解
2015学年	战争与和平	聚焦核心素养,落实《新课标》
2016学年	形体与光源	聚焦单元备课,体现德美一体
2017学年	超现实主义	激发想象力,引导主动思考
2018学年	大漠瑰宝,敦煌艺术	理解文化传承,体现德美一体

续　表

时　间	课　题	研究的主题
2019 学年	石膏鼻子	结合信息技术的跨学科实践
2020 学年	石膏像的造型	建立整体意识,优化创意实践

依据国家教材、基于学生学情,并结合我校美术教学特色,主题式教研的内容主要分为三类：美术欣赏类、基础技法类、创意思维类。

美术欣赏类主题：重点培养欣赏与表达方面的核心素养。内容包括年画欣赏、电影欣赏、话剧欣赏、敦煌艺术欣赏、现代绘画欣赏等。既有西方艺术,也有中国艺术;既包含传统艺术形式,也有现代技术条件下的新艺术形式。帮助学生在获得知识的同时,培养综合性的审美鉴赏能力。

基础技法类主题：重点帮助学生更好的认识和运用形式美的语言。主要包括美术专业课的内容,如石膏五官、形体与光源等。由于我校绝大部分学生学习美术专业是零基础,所以兴趣的培养、审美的理解、整体意识的建立等,都是学生在美术专业道路上顺利前行的必要条件。

创意思维类主题：主要培育学生创造性的视觉思维方法。内容包括现代日用品设计、现代绘画形式探索等。如"生活艺术的创造"这一课,要求学生认识日常用品中包含的生活艺术内涵;了解日用品设计是功能、技术与艺术三者完美结合的创造性工作;体会艺术家在创作艺术品和日用品时所体现出的时代特征、民族特征以及个人情感。在教学设计中无论目标设定、脉络梳理、板块过渡,都应围绕着培养学生设计兴趣和创造性的思维方法来展开。

二、进阶式磨课实现有效合作

我校的美术特色"工作坊"采取"同课异构"和"同课再构"相结合的教研方式,一般在每学年的第二学期开展。为了达成各节课的教学目标,艺术组的教师们以分析学情、揭示问题为基础,以有效促进学生的个性发展为着眼点,进行多次磨课,共同分析教材、交换意见,形成"资源共享(集体备课)、教学实践(上课与观课)、研讨分享(评课)、反思交流(论坛)"的基本模式。①

"工作坊"集"教、学、研"于一体,研讨是至关重要的一个环节。每一稿教案的形成都是教研组研讨的结果,每一批的研究课都是教研组集体智慧的结晶。常规做法是第一学期放假前确定选题,在教研组活动中大家对本学期的教学做回顾和总结,汇集热点问题选择教学内容,然后对教材精心钻研,对所选题目的意义和背景进行分析,全体教研组成员各抒己见提供思路,这是第一次的集思广益,思维碰撞。集合全组智慧,确定了大方向后,第一批的两组老师利用寒假时间分别准备材料,充分备课,备课中体现"同课异构"。第二学期开学第一周,第一批的老师会向全组老师介绍备课情况,全组教师经过认真思考,再次提出意见建议,这是第二次的集思广益。这样的备课—交流—修改—再交流—再修改的过程还会穿插在备课组小组讨论和教师之间的个别交流中,一直持续到第一批教案定稿。

到了第一批上课的时候,全组教师参与听课,并在课后进行集体研讨。与之前的研讨过程类似,除了第一批的老师们介绍自己上课的体会之外,教研组其他教师也会针对第一批教师上课中存在的问题,提出自己的看法。随后,第二批的两组老师在第一批的基础上,对教案进行修改,既要符合第一批老师的大体设计思路,又要针对问题进行调整,体现"同课再构"。同样的,在第二批老师上课结束以后会随即开展第二轮教学研讨,形式相同。经过这样一轮又一轮集思广益、反复磨课,老师们不只是对一堂课如何上有了更明晰的认识,提高了关键问题的辨识和处理能力,更提升了整个教研组的教学设计的能力和教研水平。

三、反思型课堂成就教学相长

(一) 总结反思——探寻规律的关键环节

总结反思是工作坊的最后阶段,也是最重要的阶段。工作坊教学的反思,源于整个教研过程中的认识和思考,既是对这段教学的总结记录,更是不断提升自己的一种方式。所谓的总结和反思,要针对教学的各个环节进行反思,从对教材

---

① 张才龙:《科研兴校方略论　30 年实践探索与研究》,教育科学出版社 2015 年版。

的解读，到对学生情况的分析，再到教学环节的设计以及实施阶段遇到的具体问题。

经过多年的工作坊教研，我们在教学中会发现很多以前所未曾想到的问题。对它们不断反思积累的过程，就是每位教师成长的过程。例如，在学情分析中，每位教师都会考虑这个学段、这个年级、这个时期的学生特点和学习能力。但通过"同课异构"的模式，我们在课堂实践中发现，经过精心设计的内容相仿的一堂课，在不同的班级教学，可能会有不同的效果。有些班级学生接受能力比较强，教学进程流畅；有些班级则接受能力较弱，需要耐心引导。这就要求我们将学情的分析细化到班级，甚至细化到小组，方可取得更好的效果。这些思考和实践，都在总结和反思中得到提炼，多次尝试成功后便可上升为教学规律，帮助教研组更好的落实学科素养，助力特色建设。

在课后许多教师感叹道："又学到了很多东西。"还有老师在课后反思中写道："学生们思维活跃，不时闪现出智慧的火花，表现出令人惊喜的创造力。"

让我们分享一下历年工作坊带给教师们的感受：

感受一：作为曾经的艺术生，我的深刻体会是艺术欣赏课切忌毫无个性的满堂灌。应该怀揣着一份自己的情感，去讲解一种风格，一张画，或是一个人。因为当你带着自己激情去讲课，你就有了一种磁性，那些艺术品也就有了一种磁性，这个磁场也会带动整个班的学生。

感受二：从教案的规范性写法，到上课的整个过程，详案的制订都是一个很好的锻炼。工作坊是集体的力量，集体的智慧，集体的成功和失败。这种上课的形式非常好，可以从中学到很多有用的知识和教学方法，听取多方的意见从而改善自己的教育教学方法，提高课堂效率。

感受三：对我这个教龄不足三年的人来说，如何从真实的学情出发研究教材，的确是个难点。通过工作坊的教学研讨，与老师们充分交流、相互学习，在一次次修改中我慢慢清晰了课堂设计的条理，精选出有效的材料，在课堂设计中取得了一定的进步。不过任重而道远，学习的路程还很长。

（二）集体智慧——学科素养的有效落实

在美术这门既具象又"抽象"的学科中，落实学科素养尤为重要。无论是图像识读、美术表现、审美判断、创意实践和文化理解,[①]任何核心素养的落实都需要教师精心设计教与学的形式与内容。通过资源共享、取长补短,探索在艺术学科上进行教学方案的设计。通过"工作坊"校本教学研修平台,老师们对教学内容进行细致分析,对教学方法深入研讨,尝试进行同一年级的同课异构,不同年级的同课再构,通过集体磨课有效解决教学难点问题。利用"工作坊"这种形式,更好地集合教研组所有教师的智慧。在集体备课、集体磨课、集体思考的过程中,提炼出规律性的方法,更好地帮助学生落实艺术学科素养。

(三)共享模式——教师与团队共同成长

我校的美术"工作坊"已历经10年,教研组的老师们在不断提升自我的需要中,针对教学中的问题、难题开展相关的教学研究。"工作坊"鼓励参与和创新,帮助发现问题和寻找对策,提供了全新的教学研究的可能性。它能有效实现教师之间的同伴互助,有利于教研组氛围的营造,实现教研可持续发展。从单元备课到信息融合,从体现德美一体到落实核心素养,艺术教师们不断面临新的挑战,完成一个个新的进步。与此同时,教研组内的科研氛围空前高涨,教师们形成自觉的科研意识,提升教学研究能力的需求,从而使教学工作能在更科学的轨道上良性运作,不断发展。在教师个人综合能力得到提高的同时,大家在不断磨合中认识到,仅靠个人"单打独斗"是无法实现团队发展的,只有将各人的教学特长进行共享,才能实现共同成长。

四、发展性思路面向特色未来

(一)发展的教研主题

"工作坊"虽已成为一年一度的教研惯例,但我们不能以惯性思维去对待它,仍需不断思考选题的针对性和实效性。例如,在当今教育信息化背景下,美术教学也需要积极探索新的、符合时代需求的教学方式。去年我们开展了"从二维到三维,

---

① 普通高中美术课程标准修订组:《普通高中美术课程标准(2017年版)解读》,高等教育出版社2018年版。

从信息到美术"主题的跨学科实践工作坊。新的挑战带来了各种新的问题,如何将两门看似毫无关联的课程进行必要的渗透和连接,如何引导学生主动学习,如何培养学生的思维想象空间,如何让信息化的手段更好地助力美术的学习,这些都成为教师在进行教学设计时需要考虑的问题。这次的选题无疑是贴合时代要求,符合学校发展需求的。但在实践的过程中,老师们也遇到了更多前所未有的问题,在解决新问题的过程中,又将获得一次新的成长。

(二)发展的队伍结构

每届"工作坊",组内所有教师都会参与研讨,但不是所有老师都能参与第一批至最后一批的教学中。是直接参与教学实践,还是作为观察者提供意见建议,体验是完全不同的。经验较丰富的老师,会在教学中体现不同的风格特点,取得不同的效果;而年轻教师拥有更强的创造力,需要更多的实战机会。在"工作坊"中,教师们就课堂教学情况展开讨论、分享收获、寻找不足、交换意见、激发脑力、共同创造,并写出参加"工作坊"的反思与体会,在教研组内互相交流、讨论,共同思考出教研组最适合的努力方向,延伸到后续的教学活动上。依据这一教研模式,无论教研组队伍的结构如何发生变化,新老更替,都可根据每位老师不同的特点,群策群力量身定制教学方案,更好地发挥各人特点和优势,更好地实现共同成长。

(三)发展的学校特色

美术"工作坊"的10年,也是我校美术特色建设的关键10年。10年来,每位教师都积极参与,许多青年教师从中受益,逐渐成长为优秀的学科骨干。通过个人备课、集体讨论、教学实践、点评反思等环节,每位参与的教师对教学材料、教学内容、教学方式等都有了全新的认识。教研组也在发展中不断适应新的要求,成为我校特色建设道路上的中坚力量,并被评为徐汇区示范教研组。

"工作坊"这种教研形式虽已坚持多年,但每次都带给我们全新的思考。怎样从以往的教学中发现优缺点,在规范教学的前提下寻找有效之路;怎样将自己的知识最大化的传授给学生,成为每一名学生的专业引领者。这些问题落实在诸如教案撰写、PPT制作、教学语言的组织、课堂示范方法等常规教学之上。通过工作坊的磨炼,全组教师充分认识到,在某些平时可能被忽略的"小问题"中,包含着严谨教学的大学问,可能会成为我们教学成功与否的关键点。因此必须在实践中不断反思,在反思中不断进取,让我校的特色建设得到更好的发展。

打开大自然的神奇百宝箱

——衍纸艺术社团的美育研学实践研究案例

施哲涵

> 【摘　要】　美育是新时代教育高质量发展的"刚需",习近平总书记鲜明的美育重要论述为小学美术美育教育提出了新时代发展内涵,立足习近平总书记美育思想,以"打开大自然的神奇百宝箱"为教育主题,以衍纸艺术社团为学习主体,以研学旅行为实践途径,我校带领社团成员走进社会大自然,充分挖掘大自然的美育资源,拓展衍纸美育内容,锻炼了学生感知美、鉴赏美、想象美、创造美和追求美的综合美育素养和能力,培养了学生热爱大自然、热爱生命、热爱生活、热爱家乡和祖国的精神品质,[①]实现了形式美育与实质美育的同步融合进行。
>
> 【关键词】　习近平总书记美育重要论述;衍纸艺术社团;大自然美育
>
> 【作　者】　施哲涵,上海市宝山区行知外国语学校美术教师

一、案例背景

习近平总书记通过研判和思考当今世界发展形势及中国现实国情,根据我国

[①] 《习近平给中央美术学院老教授的回信》,载新华网,2018年8月30日。

教育现状,形成了鲜明的美育重要论述,认为当前美育工作的重点是遵循美育特点,扎根时代生活,弘扬中华美育精神,让祖国青年一代身心都健康成长,这为小学美育工作的实践路径指明了科学方向。① 小学美术在教育目标、价值取向、教学内容和教学方法上是都与美育工作具有高度的路径契合,而衍纸课程作为我校美术课程中的一门集手工技术、绘画艺术、雕塑艺术、色彩艺术于一身的综合性高雅典范课程,②在感知美、鉴赏美、想象美、创造美和追求美上,能够全面地对小学生进行美育教育,立体地实现美育教育综合发展,多元地发展学生的思想道德和智力体力,与德、智、体、劳切实形成"五育并举"合力。③

同样衍纸学习又是实践性、操作性很强的艺术活动,为落实《上海市小学实施"快乐活动日"指导意见(试行)》的精神,基于课程标准,我校美术课程专门开设了衍纸社团,充分利用该艺术团体,帮助学生提高动手能力,提高对生活的热爱、对美的无限追求,不断发展学生的特长和兴趣,树立学习的信心、感受学校的美好、体味同学间的友谊。

二、案例主题

自然美是最生动、最丰富的、最基本的美。当学生的学习与大自然发生连接时,自然环境的美能对学生产生更立体的审美刺激,加深学生对生命与生活的体验。习近平总书记有在生态文明思想中,十分精妙地论述了"绿水青山就是金山银山"的名句,④第十届上海花博会又在上海崇明举办,再加上我所编写的衍纸课程也是以花卉为载体,因此本案例提出了"打开大自然的神奇百宝箱"衍纸艺术社团的美育研学实践,旨在通过在大自然中进行研学,鼓励学生一边进行衍纸创作,一边"认识生命、尊重生命、珍爱生命、关心自己和家人",鼓励学生将衍纸作品应用到生活中,改善和美化学习生活环境,学会珍爱生命、健康生活、关心自己和家人,感

---

① 《习近平给中央美术学院老教授的回信》,载新华网,2018年8月30日。
② 《坚持中国特色社会主义教育发展道路 培养德智体美劳全面发展的社会主义建设者和接班人》,载新华网,2018年9月10日。
③ 《坚持中国特色社会主义教育发展道路 培养德智体美劳全面发展的社会主义建设者和接班人》,载新华网,2018年9月10日。
④ 《习近平给中央美术学院老教授的回信》,载新华网,2018年8月30日。

受建设生态文明工程的智慧，培养家乡认同感、民族认同感和国家认同感，提升爱国精神，进而提升美术衍纸课程的美育思想与境界。

三、案例描述

(一) 教学目的

结合本次案例教育目的，首先开展问卷调查，选取学校社团的近 50 名五年级学生为实验对象，针对他们的美术课美育教学现状进行问卷调查。通过认真总结，发现存在以下主要问题：

1. 美术课程的美育目标不全面：美术在美育教育中具有天然优势，教师能够自然而然地通过欣赏、制作美术作品等基本的教学内容，培养学生的审美能力，①导致教师经常将美育目标局限于形式教育，忽视了美术美育对学生思想、道德的培养，无法形成学生美好的人生观、世界观和价值观，②最终降低美学趣味和境界。

2. 美术课程的美育活动不丰富：狭隘的美育目标决定了美育活动比较单一，以作品教育为主，通过欣赏作品、模仿作品和作品创作开展美育活动，导致学生无法开阔学习视野，拓展学习行为，促进创造美、应用美和追求美的实质进展。

根据以上两大问题，我们进一步明确了本次案例教学目标。

1. 通过本美育案例，落实习近平总书记关于美育的重要论述，③增强教师对新时代美育价值的内涵理解，从而创新小学美术美育的教学内容、方法和途径等，落实立德树人教育根本任务。④

2. 通过本美育案例，带领衍纸社团学生开展调查、考察、参观、访问、实践、手工

---

① 丁瑗：《美育托起中国梦：基础教育阶段的美术教育创新教学实践》，载《课程教育研究》2018 年第 31 期，第 231—232 页。
② 丁瑗：《美育托起中国梦：基础教育阶段的美术教育创新教学实践》，载《课程教育研究》2018 年第 31 期，第 231—232 页。
③ 《坚持中国特色社会主义教育发展道路　培养德智体美劳全面发展的社会主义建设者和接班人》，载新华网，2018 年 9 月 10 日。
④ 王晓燕：《充分发挥研学旅行在立德树人中的重要作用》，载《人民教育》2017 年第 23 期，第 15 页。

创新等实践活动,开拓学生的眼界,向学生们传达艺术的美和美的创造,激发学生感知美、鉴赏美、想象美、创造美和追求美,从而提升美育素养。①

3. 通过本美育案例,利用研学优势,在美育综合实践中,增强学生对社会和生活的学习体验,提升学生的综合学习能力,提高对生活的热爱、对美的无限追求,培养远大的理想、高尚的道德情操和健康的身心。②

(二)教学准备

1. 衍纸创作需要的学习资源、工具和材料等。
2. 反映祖国发展变化的相关视频课件。
3. 手机、摄像机等。
4. 盆栽等。

(三)教学方法

运用网络信息化、自主合作探究、体验式教学、文体表演等多种方法开展本案例研究。

(四)教学过程

案例一:通过网络自主学习,进行衍纸美育教育

1. 指导衍纸社团学生分组查阅网络学习资源,充分调查和欣赏美术名家的衍纸作品信息,尤其是关于大自然的衍纸主题作品,开展网络讨论活动,加强学生对衍纸美的讨论,增强学生对衍纸作品功能与作用的深入认知,提升学生的美术专业知识。

2. 指导衍纸社团学生分组查阅大自然中的美丽植物、动物等信息,通过自主欣赏和讨论这些事物的特点,初步了解使用衍纸创作大自然事物的方法和技巧等。同时本案例培养了学生的数字化技能,使学生掌握了信息化学习法,通过感受信息

---

① 丁瑷:《美育托起中国梦:基础教育阶段的美术教育创新教学实践》,载《课程教育研究》2018年第31期,第231—232页。
② 王晓燕:《充分发挥研学旅行在立德树人中的重要作用》,载《人民教育》2017年第23期,第15页。

化学习的便捷性、互动性和有效性,培养了智能化学习素养和技能。

案例二:带着美育课题到上海花博会开展游园美育

通过网络初步接触大自然衍纸主题作品,结合学校组织五年级学生去崇明花博会的契机,教师具体开展了以下两种活动:

1. 组织观察花博会的植物和花卉

学生到达花博会后,一边开始游园活动;一边引导学生拍摄和仔细观察里面的植物和花卉,记录它们的名字、特征和特点,开阔了社团学生的生活视野,初步提升了学生对生命体验和认知。

2. 开展花博会探索学习座谈会

社会实践活动结束后,教师组织衍纸社团学生,在课堂中开展了一场探索学习座谈会,引导他们将植物和花卉的特点与衍纸主题联系在一起,踊跃发表"如何使用衍纸元素创作植物和花卉"的想法与建议,开阔了社团学生的思维和想象力。

案例三:通过衍纸创意种植盆栽,乐享生命成长之美

1. 亲手种植盆栽,感悟生命成长之美

当社团学生游览过花博会后,很多学生都想亲手种植盆栽,教师引导学生种植各自喜爱的小型盆栽。有的学生种植多肉类植物,有的学生种植风信子,还有的种植月季、蝴蝶兰等。通过亲历种植,大家不仅掌握了浇水施肥的技巧,还学会了照顾植物,并拍摄、记录和感悟了生命成长之美。

2. 制作衍纸创意盆栽,表达生命成长之美

盆栽很容易与衍纸课程结合起来,为了鼓励社团学生学会使用衍纸创作衍纸盆栽,教师引导学生通过认真观察可爱的多肉类植物、漂亮的花盆、有趣的装饰品等,从生活中挖掘盆栽的制作原型,激发了学生的表达灵感和创作欲望,他们纷纷动起手来,制作出了一个个充满奇思妙想的衍纸创意盆栽,也表达了他们对生命之美的理解。

案例四:通过制作衍纸劳动作品,乐享劳动之美

1. 体验祖国劳动场景,激发学生民族自豪感

绿水青山就是金山银山,生态环境保护是功在当代、利在千秋的事业。① 在这

---

① 《习近平给中央美术学院老教授的回信》,载新华网,2018年8月30日。

个伟大的生态理念号召下,无数人投身于对大自然的美好建设中,是他们默默无闻地辛勤劳作,将荒漠变成绿洲,将贫土耕种成良田,描绘了中国的美丽新画卷,让我们实现了"景美户富人和"。其中孕育着丰富的生态环保美育资源,当教师带领学生走进大自然,看到祖国的大好河山,看到人们种树造林、环卫打扫、喜获丰收的劳动画面时,在无形中激发了学生的民族自豪感,为学生上了一堂最生动的思政教育课。本案例中,我们主要组织学生观看祖国发展变化的视频,带领学生进入社区,拍摄和社区环卫工人一起打扫卫生的画面,使学生在生活中充分体验了劳动创造之美,用劳动撬动学生的美育。

2. 制作衍纸劳动作品,表达感恩感激之情

习近平总书记说过"人世间的美好梦想,只有通过诚实劳动才能实现;生命里的一切辉煌,只有通过诚实劳动才能铸就"。[①] 很多小学生都是独生子女,备受家长溺爱,衣食住行几乎都是家长一手包办,不仅缺乏良好的生活能力,更缺乏真实的劳动经历,很难真正体会别人的劳动艰辛,难以尊重别人的劳动成果。因此本案例鼓励社团学生在体验社区劳动活动后,创作衍纸劳动作品,使他们用衍纸演绎劳动的画面,表达对建设祖国、创造美好家园劳动者的感恩之情,同时也提升了他们建设祖国、创造美好家园的责任意识。

案例五:通过衍纸创意展示成果,乐享收获与成果之美

1. 打造衍纸艺术创意长廊,乐享成果展示交流之美

为了肯定学生的努力和付出,增强学生的信心,教师组织大家进行了一次别开生面的作品展示——举办衍纸艺术展览会,鼓励学生将本次案例活动中的衍纸作品以及摄影作品等,展示到学校的"行雅"艺术长廊内。在展览会上,形态万千、颜色各异的衍纸作品,非常吸引人,学生们也得到了大家的欣赏,树立了学习自信。

2. 开展网络专题展示活动,享受数字化之美

除了线下成果展示活动,教师还鼓励学生借助网络平台,发布自己关于大自然之美、衍纸课程、研学旅行、祖国发展变化的学习心得等,并与他人进行网络互动与交流,促进观察研究活动不断深入,实现综合素养的提升。

---

① 《习近平给中央美术学院老教授的回信》,载新华网,2018年8月30日。

3. 自由创编衍纸文艺节目,享受倡导追求之美

活动最后还举办了一次充满意义的学习汇报晚会,教师引导衍纸艺术社团创编了以"衍纸演绎大自然之美　倡导生态文明建设"为主题的文艺活动。在活动中,大家将衍纸作为核心创作道具,一起创作衍生表演节目,如诗歌朗诵、情景剧表演、音乐舞蹈作品等,将所有的学习心得都融入其中,努力拓展和延伸学习意义,进一步加深生态文明建设意识,保护我们的绿色祖国。

四、案例结果

（一）提升了社团学生的衍纸创作能力,升华了创作意义

以前的教学活动大多是在课堂上完成的,本次通过开展研学活动,充分拓展校外衍纸学习资源,使社团学生在丰富的大自然体验中,放飞想象力和创造力,增强动手能力,使他们创作出的衍纸作品更具有思想和意义,学生通过衍纸创作,表达了对生活的热爱,对劳动人民的感激,对大自然的环保愿望,对祖国家乡的自豪。

（二）发展了社团学生的探究实践能力,达到五育并举作用

在研学具体实施过程中,教师非常重视学生的自主探究能力,着重引导衍纸社团学生通过自主合作与探究,一起发现美的问题、提出创造美的方法、解决应用美的问题,一起完成"探索美"的学习任务。采用信息化教学法,引导社团学生自主收集衍纸美术资源、创作衍纸艺术情景剧、个性展示学习成果等,使社团学生成为衍纸美育课程的设计者、探究者和研究者,进而发展探究实践能力,达到五育并举作用。

（三）提高了教师的美育教学能力,实现形式美育与实质美育的同步进行

教师关于美术美育的教学实践,仍然存在很多问题,我校针对此问题提出全面的、有针对性的教学目标,着重将实质美育作为教学目标,从培养学生的作品审美情趣拓展为培养学生的远大理想信念、高尚道德情操和健康的身心素养,[1]并在具

---

[1] 祝玲:《树人树德　美育相长:苏教版美术教材七年级下册第八课〈奇妙的墙〉教学中的策略》,载《课程教育研究》2018年第47期,第186—187页。

体的案例实施中,一一创新了教学方法和内容,促进教学目标的实现,而教师也从传统课堂的传授者变成美育的设计者、组织者、参与者和引导者,①进而使得本次教学效果最优化,实现形式美育与实质美育的同步进行。

五、案例评价

(一) 活动中存在的不足

美育的新时代内涵,要求要充分尊重学生的主体地位,我们在活动的具体实施环节中也一再强调学生的主体地位,但是当真正操作时,教师总是有点"不放心"与"放不开",总是怕学生在校外实践中会出现各种突发性问题,导致学习成效低,无法及时完成案例计划和目标,习惯性喜欢安排学习,令衍纸社团的学生束手束脚,害怕出错而不敢大胆发挥社团的优势。

(二) 今后努力方向

凡是过去,皆为序章。本次案例过程中取得的丰硕成果和成绩令我们自豪和骄傲的同时,问题与教训也对我们提出了各种挑战,如何让衍纸课程助力小学美术美育教学更上一个台阶,推进美育教学在美术教学中的高效性、个性化、系统化发展,让它真正服务于学生的全面发展,是我们美术教师要努力的方向。接下来,我们将进一步更新美育教育观念,彻底转化陈旧的教学模式,用开放的方式激发学生们个性化学习衍纸,力争成为小学独一无二的风景线!

---

① 祝玲:《树人树德 美育相长:苏教版美术教材七年级下册第八课〈奇妙的墙〉教学中的策略》,载《课程教育研究》2018 年第 47 期,第 186—187 页。

电影之美助力区域艺术学科教研
——以普陀区的教研实践为例

徐 馨

【摘　要】　普陀区启动了"电影艺术新空间"电影课题项目,主要聚焦在初中艺术学科中研发电影教学课例,并建设一支区域内从事于电影育人研究和实践的教师队伍。在初中教育阶段加强电影教育引入校园,是因为电影艺术自身有着极强的综合性、极丰富的表现力和独特的艺术手段,可以作为培养学生思想道德素质、审美文化素质、创新素质及人文素质的手段和重要途径。该项目研究正是立足普陀区优质的艺术教育资源,在已形成的较为成熟的区域共享机制的基础上进行深化、拓展和提升,以普陀区近几年初中艺术教研及艺术教育的创新发展作为初中电影综合课例实践研究的基础,依据电影艺术教育的发展规律,制定切实可行的策略。

【关键词】　电影课题;艺术之美;课程研发

【作　者】　徐馨,上海市普陀区教育学院一级教师

一、研究背景

2018年底,作为上海市校园电影院线建设项目的区域子项目,普陀区启动了

"电影艺术新空间"电影课题项目，主要聚焦在初中艺术学科中研发电影教学课例，并建设一支区域内从事于电影育人研究和实践的教师队伍。在通过电影艺术传递中华传统文化之美的理念下，以艺术教研的形式，提炼美术、音乐、舞台表演、舞台艺术等学科知识和教学方法，应用于课例研发。依托优秀课例在区域内深化电影育人，通过教研创新合作，逐步建立电影教学的专业教师队伍，并总结区域课例研究与队伍建设的有效经验。

二、研究思考

（一）电影育人的意义

电影作为人类历史上最有影响的大众文化之一，诞生于19世纪末，它以戏剧和绘画为基础，在银幕上再现生活，是生活的缩影。电影利用摄影技术，综合吸收各类文化的表现方法，是包含多种门类的综合艺术，与社会经济、科技息息相关，具有独特的艺术价值。在国际教育中，电影是视觉教育的重要手段，学习电影创作是国际视觉教育课程体系中的重要一环。音乐、美术等艺术门类的学习是视觉教育的基本课，而电影融合了舞台布景、编剧表演、美术动画、视觉音乐、信息技术等多种元素的艺术，电影课题的开设包含与电影相关的各种艺术门类的学习。

对于人类来说，电影是人类文明史上伟大的发明之一，成为改变人类思维方式和生活方式的重要艺术。[1] 今天，电影不但是现代人重要的娱乐方式之一，而且已经成为体现现代人精神活动和审美理想的艺术载体。爱因斯坦在给纽约罗里奇博物馆的信中这样写道："电影，作为一种对人类精神幼年时期的教育方法是无与伦比的。因为电影可以使思想剧情化，这比任何其他的方法都更容易被儿童接受和理解。"可见，电影对促进人在态度、情感、行为上的全面发展起到无法估量的作用，电影艺术教育有助于想象力、创造力的培养。

在初中教育阶段加强电影教育引入校园、进入课堂的力度和品质，是因为电影艺术自身有着极强的综合性、丰富的表现力和独特的艺术手段，有助于学生开发思

---

[1] 刘伟：《素质教育背景下的电影艺术教育研究》，吉林大学2007年。

维、完善知识结构和创造力、培养想象力，可以作为培养学生思想道德素质、审美文化素质、创新素质及人文素质的重要手段和途径。

(二) 研究基础

学校开设电影课教学对师资队伍建设提出了更高的要求，电影课题的研究不能脱离基础教育的课程标准，要基于课标，同时发展和深化其特点。该项目研究正是立足普陀区优质的艺术教育资源，在已形成的较为成熟的区域共享机制的基础上进行深化、拓展和提升，以普陀区近几年初中艺术教研及艺术教育的创新发展为初中电影综合课例实践研究的基础，制定符合电影艺术教育发展规律的切实可行的策略。

基础1：艺术工作坊创新团队提供了专业队伍的雏形

普陀区中学艺术教研基于学科现状、教育优势、师资条件，成立9所不同艺术门类的工作坊基地学校，通过开设讲座、师徒结对、同伴互助、研讨观摩等方式，完成从基础教师、特长教师到专家型教师的复合型教师队伍的渐进式发展。各个工作坊的负责老师都有一技之长，这是极为宝贵的师资，逐步壮大的各工作坊教师队伍又是一大笔可贵的教育资源。艺术工作坊团队多次代表普陀区参加市区级课程互动体验展示活动。

基础2：艺术新空间区域共享课程提供跨校走班机制的实施经验

2011年初，以书画、陶艺、摄影、手工等艺术工作坊基地学校及其各具特色的优秀校本学习材料为基础，实施普陀区创新实验区域共享课程，将区内表现突出的特色教学进一步分类、统整和研发，基于学习材料内容合理地规划有创意的教学内容，综合不同艺术门类，形成单元化研究型课例，其中包含单元教学结构图、学习单、教学评价，以艺术档案袋的形式记录学生学习艺术过程中的点点滴滴。

基础3：已实现艺术学科内的门类跨越，积累了一定的跨学科基础

基于艺术创意课程研发地不断丰富和完善，学校组织微视频创课团队，并将作品通过普陀区J课堂平台上线到区域共享。2016年5月31日召开普陀区"J课堂微视频"第12次推进会——"艺术新空间"微课展示活动，运用信息化技术和综合艺术手段，在多个集教师特长、学校特色与学生学习成果于一体化的微视频课程中截取了富有代表性的片段，通过播放微视频、解读知识点、课程互动体验、学生作品走秀、名画Cosplay等形式助力艺术课程的实施，促进区域优质课程资源的共享，更有效地培育学生动手能力，拓宽国际视野，传承中华民族传统文化，激发艺术拔尖人才的创造力。在成果汇报会上，整个会场的布置打破以往的舞台格局，T台、侧边台、舞台灯光组合形成别具一格的艺术育人空间。

基础4：试点校具备影视特色校一流设备与条件

项目试点校均具备艺术专用教室、多功能放映厅等影视教育相关硬件设备，为项目的推进提供了保障。例如，项目基地之一的华东师范大学第四附属学校是上海市影视教育特色学校、市联合院线电影基地学校，在上海市教委和联合院线调研中获得高度评价。学校具备大、小型电影放映厅，电影制作工作室、专业电影拍摄器材设备，以及电影制作专职教师工作室。学校通过多年实施电影育人，并渗透于各学科的教学与活动，形成了丰富的案例及文本资料。学校校长于2002年起从事"电影进校园"的实践研究，精心架构运作模式，注重管理与服务一体化，保障所需，全力为课程提供资源。学校出品的微电影荣获全国、市级一等奖，学生对于电影课已经很熟悉，而且有提升空间。

（三）研究价值

1. 促进学生发展

学校通过版画、蓝印花布、水墨画等学习内容，传承中国传统节庆文化，注重作品技能和美学提升，为学生精神素养、审美素养、人文素养的发展提供平台。同时，也经由电影中的布景、道具、服装设计、灯光音效等学习内容，通过舞台搭建、表演等实践体验，丰富学生的想象力，发展和深化学生的感知力，增强理解力和创造力。

2. 探索跨学科电影教学研究

电影教学对于学校教师的最大挑战在于其综合学科的特性。突破该问题的有效途径之一是在综合学科教学、教研上投入力量研究。本项目以一支区域艺术学科教师队伍为范本，尝试通过跨学科课例研究和课程建设的方式，探索如何有效促进不同学科教师相互合作、借鉴，为学生提供高质量的电影教学，推进校园电影育人工作。

3. 区域队伍建设

本项目不是简单的电影艺术特色课程教学，而是期望通过项目研究促进队伍建设,进而在电影和学科之间架起一座艺术的桥梁。[①] 在对电影课内容和形式的摸索过程中,项目将逐步建设核心团队,并由核心团队向外辐射,逐渐形成一支热爱电影、热爱电影教学的区域专业教师队伍。

三、研究目标

(一)通过艺术学科教研,以电影布景和道具制作为核心教学内容,积累"电影艺术新空间"区域教学课例。

(二)通过项目实践,建设区域艺术学科电影专业教师团队。

四、研究内容

(一)课例研究

区域学科教研的主要形式是课例研究,在电影教学研究中仍然如此,但以电影教学为教研内容时会碰到教师专业背景不同、教师专业背景不相对应的问题,因此在课例研究的内容和形式上需要采取相应的策略来提升品质。

1. 课例研究的内容

一部电影的创作,场景造型构思、场景间的衔接及每个场景硬景和软景设计的表现力,都蕴含各种艺术规律和原理,是电影作品艺术质量的重要因素之一。为学生提供电影布景与道具方面的学习内容,有助于学生更好地欣赏电影之美,培养学生的艺术素养和审美情感。

另一方面,由于项目组成员的专长特色集中在文学修养、综合艺术修养、绘画、造型能力、电影创作基础知识、信息技术等方面,与电影布景和道具设计的内容比较符合。

基于上述情况,"电影艺术新空间"项目的课例研究内容聚焦于电影的布景和道具设计这一话题,并围绕以下四个专题开展课例研究。

[①] 赵喜恒:《舞台布景设计中的形态研究》,西安工程大学2013年。

表1 课例研究的内容

单元主题	教学内容	综合知识
音画合一	1. 音画知识/音画赏析/专用器具介绍 2. 电影中音乐与画面的结合/赏析 3. 舞台剧场景与音画创设	音乐、美术
舞台布景的设计与制作	1. 电影场景与舞台剧布景/赏析 2. 不同剧目的布景设计 3. 布景设计与制作	舞台美术设计、编剧
舞台道具的设计与制作	1. 舞台道具/艺术门类/赏析 2. 剧本情节与舞台道具/设计构思 3. 道具设计与制作	舞台道具的设计与制作
舞台剧的创编与表演	1. 舞台剧剧本概念 2. 舞台剧场景概念 3. 舞台剧人物解读 4. 舞台剧人物表演	剧本、舞台表演（肢体与配音、配乐）

2. 电影课例研究的路径

由于电影的布景和道具设计牵涉多个不同门类的艺术，课例具有跨学科艺术特性，需要融合两个以上的专业进行研究。基于此，拟分三个阶段开展电影课例研究：

（1）同一个主题或同一个电影由不同专业背景的教师上课，集体备案、前后呼应

先由一位教师进行某课时的备课，再到跨学科磨课，小组合作对已形成的教学设计进行集体磨课，在单学科的设计基础上补充或调整跨学科的内容。单门学科教师在同伴支持下完成一次跨学科的课例，小组内完成一轮。

（2）以长课时的形式，由不同艺术专业背景老师上同一堂课

在积累的课例上，以小组合作的形式，基于课堂实际情况，完善各课例，进一步突出学科特点，并由教师互相学习沟通后，在完善的课例基础上以长课时的形式，进行课堂合作教学，开展若干课例的试验和积累。

（3）积累案例，建设电影课程

不同学科的老师根据前两个阶段掌握的学科知识，独立进行教学，将同一主题下的相关课时上完一轮，积累一个完整单元的课例。在此基础上，逐步补充课时，形成模块，建设课程，配套资源。比如，在电影课上将美术与音乐内容结合，让学生在欣赏

影片的画面与视听效果的同时,能够得到知识、创新能力、情感体验等方面的充分发展,也可以让学生在电影所需要的各种创作实践中理解艺术设计的内涵及要素。

(二) 课程建设

1. 课程设计

以积累的课例为基础,逐步探索并建设专门的区域电影育人课程。该课程的内容拟聚焦电影的布景与道具设计,将电影创作元素转化为舞台剧的创编与表演,通过剧本创作、舞台美术、灯光、道具、信息技术等相结合的方式,让区域内对电影有兴趣的学生获得更多的课程学习机会。

课程计划由 10 个单元组成,总课时 14 节,其中第一单元为必选的通识课程,第二至第十单元为选修课程。第二至第十单元的教师教学和学生学习成果主要通过作品的形式呈现,所有的作品作为布景和道具最后综合到一台舞台剧中。

拟采取区域内跨校走班的形式,利用每周五下午的区半日活动课时间,由六、七年级学生自主报名参加,每班 25 人,每校 1 个班级(共 9 所基地学校参与)。项目组教师跨校走班、送教上门,并有相应的任务分工,每学期按教学要求完成课程整体设计、单元教学任务和试验、舞台剧首次排演等任务,试运行整个课程。

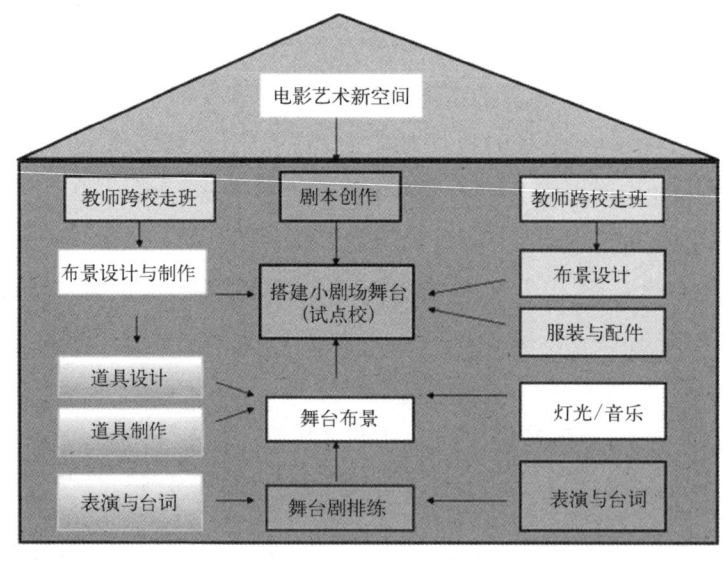

图 1　课程内容关系

2. 以舞台剧为抓手

选择舞台剧为课程建设的抓手，其原因如下：

（1）不同于一般的课程，电影课程的育人价值更多需要通过活动来体现。在后续建设的区域课程中，拟通过一场舞台剧来统整所有教学成果，展示课程的育人效果。

（2）舞台剧所需要的条件与项目组核心教师专长特色相符，在文学修养、综合艺术修养、绘画、造型能力、电影创作基础知识、信息技术等各方面都有相应的任务分工。

（3）舞台剧也是队伍建设的有效抓手，通过舞台剧的设计、排演，为区域课程建设队伍的交流和沟通提供了有效载体，有助于区域专业队伍的建设。

时至今日，适合中学生的电影有限，较之发展比较成熟的爱情类、惊悚类、喜剧类的影片来说，适合中学生观影的题材不多，因此电影进课堂的片源受限。我们把课程内容区别于电影制作专业的电影知识和欣赏入门，在帮助学生加强对电影艺术的了解和掌握电影基本知识和电影鉴赏方法的同时，将艺术创作或制片技巧方面得到灵感和提升的电影元素运用在舞台剧的创编和演出中。

舞台剧必须具备的条件与课题组核心教师专长特色相符，在文学修养、综合艺术修养、绘画、造型能力、电影创作基础知识、信息技术等方面都有相应的任务分工。我们还将通过更新教材内容、改进教学方式、注重师资培训、完善教学模式、改善教学设备等"行动研究"法深入电影课的实践与研究。

（三）队伍建设

围绕电影教学这个教研主题，并不是短暂的一两次教研攻关就可以解决问题，这是一个长期的实践研究过程，需要有稳定的团队投入其中，因此要特别关注队伍的建设。

1. 队伍组建

教师队伍以普陀区艺术新空间区域共享课程的成员为主，并依据课程需求适当补充有信息技术、劳技、音乐、表演等专业背景的新成员。

2. 学科分工及合作

（1）电影、舞台场景的造型构思、场景衔接，及场景道具部件的创作，直接影响电影作品的艺术质量,也可转化为置景工艺美术进行设计、构思和制作。为此,在布景和道具设计等学习内容上,以艺术、美术学科教师为主进行探索和建设。

(2)电影和舞台剧中除去画面,还有声音,电影中的音乐、配音等是电影剧情的催化剂、观众情感的催生剂,需要教师具备音乐方面的专业修养。为此,在团队中有音乐背景的老师参与,为音画合一、舞台剧排演等学习内容做出贡献。

(3)表演方面,舞台剧在空间上是多视点的,而电影画面只有一个焦点,这对于演员来说是优势也是挑战,要求演员有表演和台词方面的训练基础。为此,团队补充了一名有表演专业背景的老师,并外聘相关的专家对团队教师进行指导。

(4)电影是艺术与技术的结合,用技术手段体现画面及声效,在舞台上可以引入部分电子化的场景。为此,需要信息技术专业背景的老师加入,提供该方面的专业指导和支持。

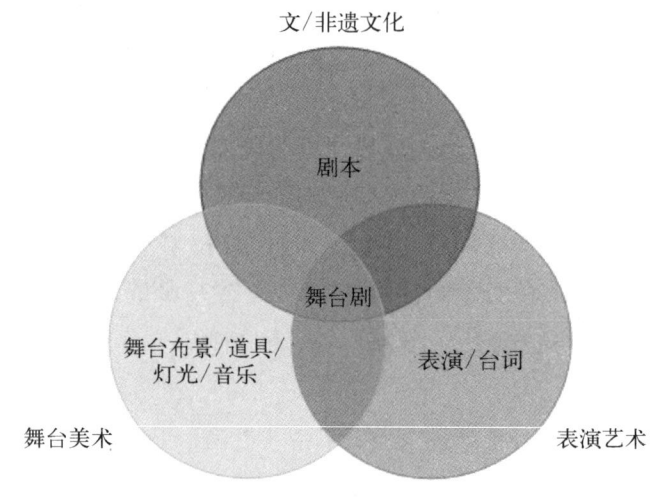

图 2　电影综合艺术

五、研究进程

2018—2019 学年(开展教学课例研究):结合教师专长特色进行剧本创编,以舞台剧目规划课程模块,在模块内容中细分小课题。有主题的开展课例研究,明确与剧目所对应的艺术门类、作品,对于舞台剧所需要达成的视听效果进行研究。另外进行小舞台构建的创想和制定建设规划。

2019—2020学年（实施区域课程建设）：在各试点学校逐步铺开，根据剧本内容落实教学内容，开展课例研究，进行布景、道具制作等各项教学实践，同时进行资源的积累。过程性材料为：积累教师授课心得、微视频（小组讨论等）、日志、研究报告等。

2020—2021学年（梳理成果资源汇总）：课程优化提炼，舞台剧汇报和项目结项。

六、项目成果

（一）课程成果：过程性资源整合形成系列教学课例，师生作品以舞台剧和电影集市的形式多元呈现。

（二）课程体系：以"德育"为核心，以"创造力"为重要概念，突出学生的创意转化、综合能力提升。

（三）课程内容：以"德育"为核心，基于艺术教材内容，将教师专长与电影、舞台剧要素融合共通，由课题组创编教材、剧目并串联成舞台剧。

（四）课程实践：将舞台剧中每一个场景的音画、布景、服装、道具等转化为课程在各基地校进行教学的实践。

（五）课程实施：依托普陀区教育"点圈链"已形成的较为成熟的区域共享课程机制，每周五下午的区半日活动课时间，教师上门教学，实施跨校走班。

（六）课程教师：以"艺术新空间"课题组（美术背景教师为主）加入音乐、劳动技能、信息技术等综合学科，形成区域电影课题组跨学科教师队伍。

（七）课程学生：通过播放宣传片，学生以兴趣为主自主报名，由六、七年级学生自主报名参加，每校一个班级 25 人。

（八）课程学校：9 所"电影艺术新空间"基地校，每校配备专用教室和课程专项负责人。

七、课程学习目标

（一）通过学习非遗项目版画、蓝印花布、面塑等相关知识，学会制作、绘画与设计应用。

（二）通过学习舞台布景相关知识，能够根据情节进行合理的舞台布景设计与制作。

（三）通过学习服装设计要素，根据舞台剧人物的性格特征进行服装设计效果图的绘制。

（四）学习乐器知识，通过器乐演奏与场景创设，感受影视、舞台剧音画合一的魅力。

（五）学生通过参与舞台搭建、表演、拍摄等实践体验，了解社会的发展进步，及我们国家资源富饶与丰富的地域特色，树立正确的人生观与价值观，发展学生的兴趣、智力、能力、气质、性格等。

八、教学评价

教学评价贯穿于教学的每一个环节，对应教学目标的内容，是完整的课程结构的组成部分。本课程的教学评价以学生在单元学习的过程作为评价的基础，从多个方面关注学生掌握知识、技能的情况，同时重视对学生学习能力、学习态度、情感与价值观等方面的评价。[①] 通过评价促进学生的全面发展，教师根据学生评价情况改进教学方法，促进教与学的有效性，我们把评价作为完整教学过程中不可缺少的部分。

（一）积累课例、学生作业、会议档案等过程材料

本课程为每一位学生建立《电影艺术学习手册》，二学年一册，由基地校保管备查，作为学生电影艺术学习的轨迹，形成学习档案袋。主要从学生的学习兴趣、参与态度、审美知识、能力、形象思维、价值观念等方面进行过程性考查。其中包括：1. 学生出勤情况记录；2. 学习单（作品草图、创作说明、作品照片）；3. 评价表（自我评价及他人评价）；4. 学年末教师总体印象评价。

教师根据学生在学习过程中的综合表现，将学年各项总体赋予评分，记录在学年末学生艺术学科学习总体印象评价表中，给予总体评价，并写出总结性评语。

（二）教学评价方案的特点

1. 评价内容对应单元教学的学习目标。

---

① 《全日制义务教育美术课程标准（实验稿）》，2001 年。

2. 体现有价值的学习目标和不同学段学生应当具备的学习成就。

3. 从过分强调学业成绩,转向评价学生的综合素质。

4. 注重培养学生的创造力、反思能力、解决问题的能力,以及沟通能力和合作能力,与学科内容相整合。

5. 档案袋内容能够记录学生在艺术学习和活动中点滴成长的过程。

(三)学习档案中收集了学生学习的过程,内容为:

1. 学生出勤情况记录。
2. 学习活动表现记录。
3. 作业及作业完成情况记录。
4. 文字或图像资料等信息。
5. 自我评价及他人评价记录。
6. 学年末教师总体印象评价。

附:学生出勤情况记录;单元学习单;评价表;学年评价表。

九、课程评价

(一)通过专家评价、小组自评等方式,对课例/课程质量进行评价。

(二)利用各类方法和工具考察研究目标的达成度。

十、总结

(一)艺术门类中像电影一样的综合性主题不少,在教学和研究的过程中需要有跨领域综合思考并实践的意识,也值得在区域中探索有效的教研方式,推动教师跨界思考。

(二)在区域教研的过程中,如何采取多元、丰富的形式来驱动教师参与其中,思考、实践、交流、合作,最终形成深度教研的效果,值得进一步的研究和思考。

深耕以"美"育人,绘就"知书达礼"

王 健 赖才炎

【摘 要】 "知书达礼"是学校育人目标,"礼"和"美"如同硬币的两面,互为底色,相互成就与辉映。五育并举思想下,学校如何构建以"美"为旨意、"美""礼"互融的美育教育,关键在于确立美育目标内容与完善课程体系,以及在形成运作模式与操作策略基础上,实施增值评价和形成数字画像。

【关键词】 知书达礼;以美育人;五维贯通

【作 者】 王健,上海市仙霞高级中学校长、高级教师;赖才炎,上海市仙霞高级中学科研室主任、高级教师

上海市仙霞高级中学是一所公办完全中学,在发展过程中逐步形成"人人有才,人无全才,扬长补短,人人成才"的16字办学理念,浓缩为"笃志勤学"的校训,坚守着"知书达礼"的育人底色,并提出"知书达礼,聪慧优雅"的育人目标,即包括"做知书的聪慧人"(也可说成"知书达礼的聪慧人",偏向关键能力发展)和"做达礼的优雅人"(也可说成"知书达礼的优雅人",偏向必备品格养成)。学校培育"知书达礼的优雅人",一方面坚守着传统文化中"礼"的立场与价值观;另一方面重视以"礼"让人性更有尊严,以"礼"让社会更有温情,及凭"礼"构建和谐的人际关系和文明的社会形态。

为此,学校确立了"做知书达礼的优雅人"——即自信、责任、大度和儒雅的育

人价值观。自信指学生对内有自信,即对学习与生活满怀希望、有自信心;责任指学生对外负责任,即待人与接物具有良好的责任心;大度指学生态度能谦和,即在荣辱得失面前有泰然自若的大度心;儒雅指学生气质优美雅致,即言行举止合礼有儒雅心。故学校培育"知书达礼的优雅人"核心在于培育学生"四心"——即自信心、责任心、大度心和儒雅心。另外,"四心"有一种由基础向高阶发展的内在逻辑,彼此相互依存、相互促进。

对于学校教育而言,"礼"和"美"如同硬币的两面,不可分割、互为底色、相辅相成。这决定了以"美"为旨意的美育,应是学校(包括每一位教育工作者)教育的底色,甚至可以说是灵魂。缺少或忽视美育的教育,轻则显得生硬功利,重则丑陋不堪。在当今"五育并举"思想下,紧扣"做知书达礼的优雅人"育人目标,学校在反思基础上,对美育目标内容与课程体系、操作范式与实施途径、校本评价与数字画像等,进行了系统的构建和实践探索。

一、学校美育的目标内容与课程体系

一般认为,美育又称美感教育,是通过培养人认识美、体验美、感受美、欣赏美和创造美的能力,从而使人具有美的理想、美的情操、美的品格和美的素养。美育有狭义和广义之分,狭义美育指"艺术教育""审美教育"及"审美观和美学素养教育",广义指将美学原则渗透于各科教学后形成的教育。还可以分为形式美育和实质美育,形式美育指以培养人的审美素养为目标的教育活动,如审美观、欣赏美和创造美的能力等;实质美育指引导人追求人生的美学趣味和教育的审美境界,并强调美育对诗意人生的促进功能,这也是现代美育的核心。

学校教育需要"五育并举",但不是让每个学生的德、智、体、美、劳都很完美,也不是需要在五育上不偏不倚地均衡用力,而是学校要保持五条道路的畅通,每条道路学生都可以走出生命的从容和精彩。对美育教育而言,教师要重视美育的底色价值,保持五育的相互融合,践行以"美"育人,让美滋养每个生命完满成长。

上海市仙霞高级中学的美育目标,是在遵循美育的内在价值和根本任务、紧扣"知书达礼,聪慧优雅"育人目标基础上,提出培育"优雅高尚的人"宗旨目标。美育视野下的"优雅高尚"可进一步界定为:培育学生美的认知、美的体验、美的欣赏、美的创造和美的生活,即"五美"。"五美"是统一的整体,应贯穿于学生学习的全过程,每门课程或每个活动都可设计与细化"基于本学科或活动的美育目标"——即具体能够认识哪些美、设身体验哪些美、懂得欣赏与创造什么美,以及过什么样的美的生活。其中,美的认知与体验,是美育的基础;美的欣赏与创造,是美育的关键;过美的生活,是美育的核心。

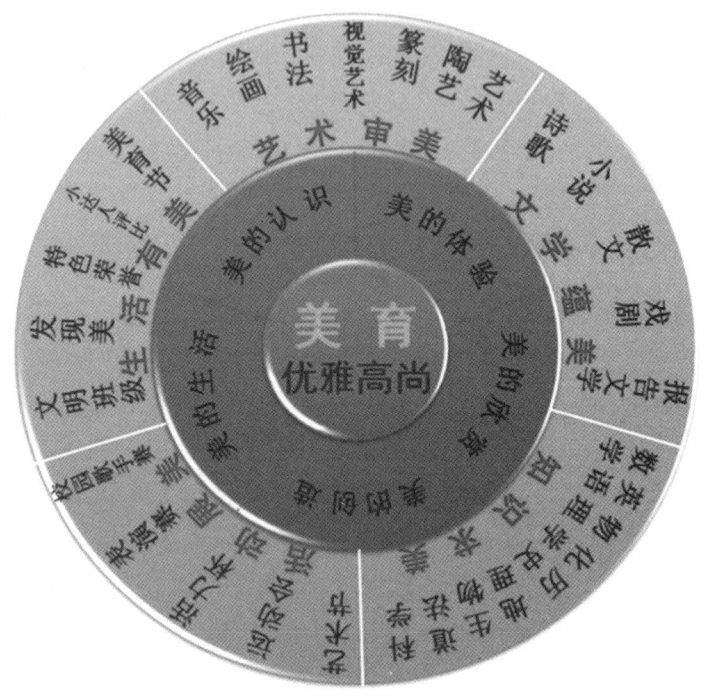

图 1 学校美育目标与课程体系架构

根据美育的"五美"目标,立足学校现实条件,可构建美育教育的"五大"课程体系,即艺术审美、文学蕴美、知识求美、活动展美和生活有美。它们的价值定位与主要内容如下。

(一)艺术审美

艺术是美育的核心。以音乐、美术、艺术等学科为核心课程,融合书法篆刻、视觉艺术、陶艺、珠串等校本特色课程,形成大艺术课程群,引导学生认识、欣赏与体验艺术作品,教会学生专项的、专门的艺术特长,以及懂得欣赏和体验美。

(二) 文学蕴美

文学是美育的胸襟。以语文学科(包括文学社团)的基础性和项目化学习为载体,充分发挥文学作品对美的启发与升华作用,引导学生在对各种文学作品认知的基础上,学会欣赏文学作品的美,从文学作品中体验与感悟生活与生命的美,并产生对文学艺术的喜欢与文学创作兴趣。

(三) 知识求美

知识是美育的源泉。各学科教师在教学中引领学生对知识的认识与理解,尤其重视让学生感受知识的美,表达呈现或个性化创造美的知识,以及享受学习知识的过程美。即学生学习中感受并体验到美的知识、美的表达与美的过程。

(四) 活动展美

活动是最生动的美育。通过系列传统校园活动,如一年一度的校园艺术节汇演、运动会入场式表演、校园歌手大赛、参赛与演出、社团活动等,一方面创造美的作品,普及与深化美的表达与追求;另一方面努力营造美的校园生活。

(五) 生活有美

生活就是最好的美育。通过主题性校园美育节、文明班集体过程性评比、小达人特色特长授予等活动,让学生感受美的集体、美的学习环境、美的生活品位,从而逐步形成美的生活情怀。

二、学校美育的运作模式与操作策略

以美"育"人是一种重要教育理念,理念的落实既需要借助于一定的操作模式,还需要较为稳定的实施途径。美育的独特性,决定了美育除了具有体系性和整体性特点外,还有细小性和生动性特点,以及项目化学习和活动是承载、生长和完善美育的关键。学校在实践探索的基础上,引进并内化了"五育融合、五维贯通"的美育运行模式(见图2),其中"五育融合"指五育并举思想下德、智、体、美、劳的融合

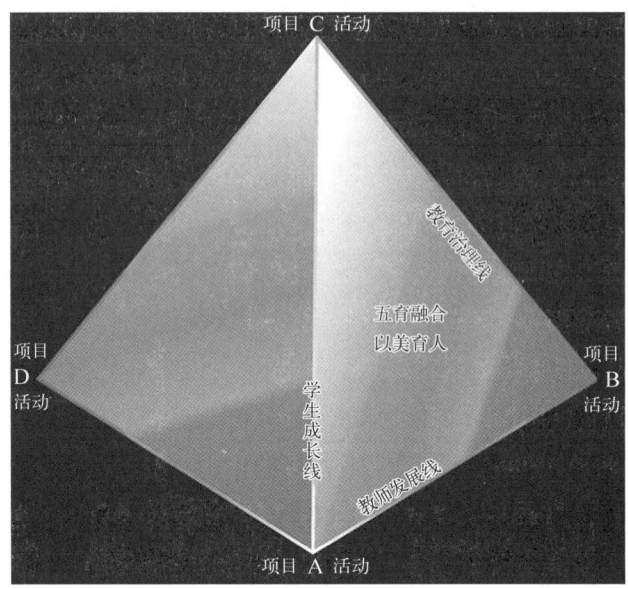

图2 点、线、面、体、空间——"五维贯通"的育人运行模式

生长,"五维贯通"是点、线、面、体、空间的连接与互动。

"五育融合,以美育人"下的点、线、面、体、空间——"五维贯通"的育人运行模式,其哲学基础是万物不是孤立的,是不断彼此互动与发展变化的,点就是中心,如同万物都是中心,可以无限小,也可以无限大;线是生长线,是合力线,可由两个以上成线的"点"决定。在此偏重于美育的生长线,是围绕学生成长的"美的认知线、体验线、审美线和创造线",它们的不同组合,可以形成不同的面,即一个项目活动产生的美育价值,有机的一组(多个项目)就形成一门美育课程,一门美育课程就是一个相对独立的综合育人体,不同的美育课程相互产生空间互动,最终形成以立体的方式培养立体的人,其操作性内涵如下:

(一)点,即有聚焦的点

1. 一个学习项目(活动),如同一粒美的种子,既承载生命生发的基点,也承担生命赋能的原点。

2. 项目(活动)是人思考的聚焦点,也是人行动的着力点。关键在于这个项目焦点,应是清晰的、可操作的、有预期的,设计者不仅要知道师生在学习项目中具体能"做"些什么,而且可初步预知能"做出"些什么;不仅知道"做"所需的知识基础(背景);而且能预测"做"可产生的能力发展,以及想象到人的非智力因素培育与发展,并给予适当的关注与重视。某种意义上讲,一个学习项目的实施,就是一个微课程的具体落实。

3. 任何一门项目化学习课程,即由诸多项目学习有机汇集的课程,也可以作为一个聚焦点,教师需要从课程设计与实施角度,结合美学底色,思考项目化学习的意义与价值、构架与内容、实施与评价。

(二)线,即有发展的线

点的发展方向,即目标宗旨,主要由三个因素决定,也可以称为发展的三条线索:

1. 要考虑学生发展与成长(这里偏重于以美育人),即通过以项目为载体,在参与体验中,让学生获得什么样的发展与成长;这种发展与成长,可以是知识技能的、过程体验与能力提升的,还可以是成就感、内驱力与意识形态的。

2. 要考虑教师自身的专业成长,如知识视野、研究指导力、动手操作、专业引领、人际友谊、价值肯定、教育情怀等提升;无论在设计还是实施中,教师都不能忽视自身在项目化学习中的成长与生命价值。

3. 要考虑学校治理的发展,项目化学习对学习的组织、条件、场地、方式与方法等,都会提出新的要求,也会带来新的挑战甚至矛盾,如何尽量满足好要求、解决好挑战和协调好矛盾,必然也将带来及彰显学校治理的内涵发展。

(三)面,即能融合成面

立足聚焦点,充分考虑在三条发展线的基础上,如何让项目化学习更有美的生命力呢?需要以教育的使命——德、智、体、美、劳全面发展——来引领项目化学习的实施,让德智体美劳"五育"融合于项目化学习过程中,以及在项目化学习过程中得到充分生长。面,是基于项目化学习内容的考虑,我们不能把学习内容窄化或局限于单方面(即五育中的"一育");而应让具体的内容,在特定的情境或过程中,自然生长出有机融合的"多育",而且是个性化的生长。五育融合,不一定是要求每个项目化学习都会明显地涉及或预设"五个育",更不能说在具体某个项目中"五育"

需要同等落实；而大多是重点涉及其中若干"育"，以及在具体情境实践中，不同的学生可能会有所侧重地生长出某些"育"。融合的面，是五育自然融合生长的面。

（四）体，即是立体培养

由面发展到体，需要学校从宏观或顶层思考"人的全面成长"。作为实施某门项目化学习课程的教师而言，需要思考该课程中各项目化学习的关系，既有认知的逻辑关系，又有体验的丰富多彩，还有能力的不同侧重，反映出项目课程的生动性和立体性；另外，还要考虑项目化学习与学科的基础学习、拓展学习的关系，以及项目化学习与其他学习方式的关系，让它们共同成为滋养学生生命完满成长的整体。对于学校课程顶层设计而言，"体"就是要从学校整体出发，让学科项目化学习、跨学科项目化学习和学校活动项目化学习，相互错位发展，互相渗透与支撑，共同构成一个有机的整体课程网，或者叫项目化学习课程群，既指向人的完满成长，又为人的个性化学习和发展提供多种可能。

（五）空间，即空间互动

互动是学习的主要特点，也是生命成长的主要方式。项目化学习的空间互动策略，应重视学习主体的多元性、灵活性和发展性。

1. 重视项目化学习的在小组内合作的协同性，通过不同主体间的互动，让学生影响学生成长，让优秀成果影响整体成果。

2. 重视线上与线下、课内与课外学习的互补性，体现教与学的互动，既充分借鉴已有研究成果，会站在巨人的肩膀上，又能脚踏实地地动手探索、实验或调查。

3. 重视不同项目分享交流的启发性，通过不同层面的交流研讨或分享会，让能力成果在交流中闪光，让经验与体会在分享中积淀，让情感与审美在交流中升华。

4. 重视项目指导专家评价的诊断性，通过基于校本评比的项目化学习的定期评审交流，逐步形成系列项目化学习经典案例。

另外，在宏观美育课程体系下，美育的实施策略可聚焦三点：

1. 注重借助于外力，有计划地引进高水平的美育教育，逐步形成完整的美育教育。

2. 重视信息技术赋能美育,即依托技术对美的承载、渲染、感悟、创造等价值,更加彰显美的内涵和教育的力量。

3. 重视美育过程重于结果,让每一个生命都有绽放的机会,每一个生命都会有独特的价值。

三、学校美育的增值评价与数字画像

对于美育而言,从狭义(即艺术)上制定其评价标准不难,甚至有人呼吁要"列入中考"等;然而广义的美育教育包罗万象,概念性极强,决定了其评价只能个性化和校本化,以及需要充分尊重个体生活真实感受。正如学生学习生活的兴致、美感、意义和价值,全在一些日常的说话、作业、相处和交流中。学生重视它们,它们也重视学生;学生敬畏它们,它们也敬畏学生;学生美化它们,它们也美化学生……天下没有空穴来风、不劳而获的意义或价值,美感只能在追求美感中自然形成,兴致只能在追求兴致中自然拥有,意义和价值也只能在追求意义和价值中自然内化。总之,学生给学习生活一个什么样的态度(感觉),它也会给学生一个什么样的态度(感觉);学生给它一个什么期望,它也必会给学生一个什么将来。

基于以上认识,美育评价的操作大多需要与德、智、体、劳相融合评价,既要彰显教育的普世价值,又要达成校本育人目标;关键在于充分重视美育评价的过程性、多元性和增值性。作为一所基层学校,如何建立彰显以美育人的教育评价体系,需要围绕学校育人目标,结合学校特色与现实,建立评价导向。上海市仙霞高级中学立足"上海市高中生综合素质评价实施办法"和"上海市中小学生学业质量绿色指标",结合《上海市普通高中学生综合素质纪实报告》和《上海市学生成长手册》关于学业评价的内容,围绕教育综合改革和借助"云学习"平台,通过不断探索实践,制定了《上海市仙霞高级中学学生综合素质评价实施办法(试行)》,对综合素质的评价内容和指标进行了校本化规定,对记录方法与程序、评价结果应用、组织管理等有了具体规定,形成了具有仙霞高中特色的综合素质评价内容和指标,为培养"知书达礼,信息见长,充满活力"的仙霞学子提供导向,为高校的人才选拔提供依据。"融合育人目标的美育评价指标表"如表1所示。

表 1 融合学校育人目标的美育评价指标(学生自主与互评)

美育内容 育人目标 \ 评价标准	美的认知 (4分)	美的体验 (4分)	美的欣赏 (4分)	美的创造 (4分)	美的生活 (4分)
知书达礼	对"知书达礼"内涵的认识、认同与内化程度	对"知书达礼"活动的真实体验与感受	对"知书达礼"行为与精神所表现出的美的欣赏	创造性表达"知书达礼"的价值与意义	有意识地追求过"知书达礼"的生活
信息见长	对"信息见长"校园文化的认识、认同与内化程度	对"信息见长"相关活动的体验与感受	对"信息见长"表现出的作品或能力的肯定与欣赏	创造性地运用"信息技术"来表达美	"信息见长"成为优势能力
活跃进取	对"活跃进取"内涵的认识、认同与内化程度	对"活跃进取"所表现出的美的体验与感受	对"活跃进取"所表现出的美的肯定与欣赏	能主动表现出"活跃进取"的作品或状态	"活跃进取"成为生活的常态与无意识追求

"培养知书达礼、信息见长、活跃进取的仙霞学生"是学校育人目标的三个维度。学校确立了"上海市仙霞高级中学校本特色评估指标",即围绕育人目标,在一轴、两翼、三类多模块活力课程体系中,进行书礼课程群、信息课程群和体艺课程群建设,将学生在校艺术节、运动会、三大球类比赛、仙霞直通车、学科综合竞赛、志愿者服务、社会实践等活动中的表现,划分表现性等级,纳入学生美育评价指标,让美育评价走向了综合、开放与多元,自然也实现了评价的增值功能。

(一)书礼课程——以培养学生良好道德素养和行为习惯为宗旨,丰富传统文化内涵、拓展国际视野。主要课程有"经典诵读"(各年级必读四本,选读若干)、"文学鉴赏"拓展课程、"高中生活'心'体验"(心理校本课程)、"社会主义核心价值观"系列课程、"礼仪课程"分层课程、"主题教育"系列课程、"传统节日活动"课程、"社会实践活动"系列课程等。

(二)信息课程——以培养学生信息素养和能力为宗旨,丰富学生科学精神和创新意识。主要课程有"视觉艺术"校本课程、"仙霞直通车"活动课程、"云学习平台"应用课程、"电视台培训"社团课程、"信息素养与技术"系列课程、"信息技术运用"创造性课程等。

（三）体艺课程——以培养学生阳光、健康、快乐之精神与气质为宗旨，丰富体艺精神生活，陶冶性情。主要课程有传统的足球、篮球、排球、跆拳道、健美操等系列校本特色课程，还有书法、篆刻、动漫、手工、陶艺等美艺类校本课程，以及结合庆典或传统活动的文体艺表演、学校文体艺社团活动课程等。

结合校本特色课程内容与要求，学校制定了"五育融合下的学生校本课程学习表现性评价标准"，主要参照学生课程完成情况、学习成果（作品）质量或获奖情况、活动承担与表现情况，给予综合评定等级。

表2 "五育融合，以美育人"下的学生校本课程学习表现性评价标准（教师评价）

育人目标	评价等第	具 体 标 准
知书达礼	优秀（4分）	积极参加课程学习，完成了必修、选修课程的学习要求，大部分课程考核为优秀。有良好的心理素质和道德素养，表现出良好的"知书达礼"行为，具有良好的传统文化内涵和国际视野
	良好（3分）	参加了课程学习，完成了所有学习要求，大部分课程考核为良好。有较好的心理素质和道德素养，行为习惯基本符合"知书达礼"要求，有一定的传统文化内涵和国际视野
	合格（2分）	参加了课程学习，完成大部分学习要求，大部分课程考核为合格。心理素质和道德素养有所提高，有些行为习惯不符合"知书达礼"要求，有一定的传统文化内涵和国际视野
	待努力（1分）	参加了课程学习，没有完成学习基本要求，有1/3课程考核为不合格。心理素质和道德素养还存在较大缺陷，行为习惯明显不符合"知书达礼"要求
信息见长	优秀（4分）	积极参加课程学习，考核结果为优秀，信息技术作（业）品在校级以上的交流展示中获奖，能表现出良好的科学精神和创新意识，信息素养突出，"云学习平台"应用自如，明显高于普通学生
	良好（3分）	积极参加课程学习，考核结果为良好，信息技术作（业）品在班级交流展示并获表扬，能表现出较好的科学精神和创新意识，信息素养较好，能熟练与经常使用"云学习平台"

续 表

育人目标	评价等第	具体标准
信息见长	合格（2分）	能参加课程学习，考核结果为合格，信息技术作（业）品在小组内交流展示，但没有推荐到班级中展示，有基本的科学精神和创新意识，能独立使用"云学习平台"
	待努力（1分）	参加了课程学习，考核结果为不合格，不能独立完成信息技术作品创作，缺乏科学精神和创新意识，不能独立使用"云学习平台"
活跃进取（体艺技能）	优秀（4分）	以队长、主力成员的身份，主动积极参加各类体艺活动，或者是节日活动的策划者，或取得了较好成绩；能表现出阳光、健康、快乐的精神面貌，思维活跃，有批判精神，内心充满正能量
	良好（3分）	以积极参与者的身份，参加各类体艺活动，承担具体的任务，但没有获奖；大多时候表现出阳光、健康、快乐的精神面貌，思维较活跃，有一定的批判精神，内心有正能量
	合格（2分）	以配合参与者的身份，参加各类体艺活动，表现普通；偶尔能表现出阳光、健康、快乐的精神面貌，思维有一定的活跃，有些的批判精神，内心有正能量
	待努力（1分）	很少参加各类体艺活动，很少表现出阳光、健康、快乐的精神面貌，思维不活跃，没有批判精神，内心缺乏正能量

另外，在美育教育中，不能依靠单一模型对学生美育、教师教学进行评估，而要采取多种策略，依托信息技术手段与平台。各种评估体系的综合运用，能够帮助管理者和老师更好的做出进步和改良，同样也会促进学生本身的发展，还能生成可视化呈现的学生学习的"数字画像"。如通过学生对"融合学校育人目标的美育评价"的网络自主评价与互评，可生成自我感觉型的"美育画像"；再如通过教师"五育融合，以美育人"下的学生校本课程学习表现性评价，可以生成"学生校本课程学习表现"的数字画像。随着评价指标的丰富与相关数据的积累，学生的各类数字画像将越来越有现实指导意义。

总之，学校如何更好地把握五育并举，融合以美育人，彰显知书达礼，需要以美育品牌为目标，深化美育课程改革，丰富美育活动载体，进一步推动形成人人共享优质美育的良好机制。

立足"创新舞蹈课堂"下的"三位一体"新模式

——学校舞蹈美育工作发展的实践与思考

吴轶君

【摘　要】2020年10月15日中共中央办公厅,国务院办公厅《关于全面加强和改进新时代学校美育工作的意见》指出,进一步加强中小学美育教育,充分发挥舞蹈艺术在学校美育工作中的独特作用。我校作为"中国舞蹈家协会"全国中小学舞蹈教育传统校和上海市学生舞蹈联盟校,2018年舞蹈项目还获得"十三五"期间静安区学生艺术教育特色项目,在这样的大背景下,我校制订了《上海市静安区闸北实验小学教育集团舞蹈美育工作规划(意见稿)》,目的是以大力弘扬民族优秀文化艺术为抓手,以提高艺术课堂教学的质量,创造性地开展舞蹈实践活动为途径,[①]全面渗透、全面发展,营造浓厚的校园舞蹈艺术文化氛围,提升学校艺术教育的质量,形成学校艺术教育的特色,提高学生的艺术综合素养,使每一个学生的个性和特长都得到充分的发展。

【关键词】　创新;舞蹈课堂;三位一体

【作　者】　吴轶君,上海市静安区闸北实验小学高级教师

---

① 方明慧、张涛:《信息技术教学环境下学生学习行为研究》,载《中国教育技术装备》2011年第36期,第26—28页。

学校开展美育教育尤为重要,纵观目前舞蹈艺术团队的建设,大部分都是以学生比赛训练和学校活动为主要形式与目的,造成了艺术团活动只惠及一部分学生的局面,如何打破只重技能的比赛和校园活动的窠臼?如何点线面拉通,打造学校艺术生态,提升学生综合素养?笔者认为:不应仅是研究和开发学校艺术团队的建设,因为这只是面向有舞蹈基础、有舞蹈兴趣,并且对有更高需求的一部分学生,然而学校舞蹈美育建设中非常重要的是普及舞蹈课程的具体实施,通过音乐课堂中舞蹈课程、全校艺术活动、舞蹈团三大途径的打造,经过前期地精心设计,"创新舞蹈课堂"项目孕育而生。目的是有计划、有节奏、有效果地开展舞蹈项目活动,为青年教师的专业成长添砖加瓦,为学校的艺术教育变革发展提供引擎。我校作了以下实践。

一、确立完善的舞蹈项目实施方案,保障舞蹈美育成效

舞蹈作为学校重要的艺术特色项目,始终围绕"给每一个热爱舞蹈的孩子旋转的舞台"的宗旨。传承灿烂的中华舞蹈文化,努力为校园文化增添光彩,为舞蹈的魅力奏响华彩的乐章。"学校管理精细,文化积淀深厚;教学特色鲜明,教育质量上乘;团队优势明显,师资队伍精良;德育工作有效,育人环境和谐。"这一切都为我校舞蹈教育之蕊的绽放提供了肥沃的土壤。

我校的舞蹈教学理念为:舞之形——文明礼仪形象佳;舞之韵——民族精神我来表;舞之彩——舞蹈天使放光彩;

面向全体学生,通过舞蹈课程学习,培养学生优美的仪态、挺拔的身材、高雅的气质,增强学生自信心,满足学生个性情感的需要,使学生主动参与舞蹈活动,提升学生的审美情趣,使学生得到全面、协调发展。

(一)有效途径实施

我校通过丰富现有基础型课程中舞蹈板块内容、完善现有校本课程"形体课"教学内容、形成"创新舞蹈"教学策略系列、探索"创新舞蹈"与社团活动相结合等途径,保障舞蹈项目的有效实施。

(二)教师专业发展

为保障项目实施,在现有的基础上,根据每位舞蹈教师功能定位,进行明确

分工。教师根据项目计划实施三个阶段，相互学习，取长补短，个性培养，共同成长。

(三) 团队运行管理

实行项目责任制：由舞蹈项目组负责人制定完善的教研制度，师徒结对、定时定点进行舞蹈集体备课、教科研管理；实行项目阶段目标达成，引进专家导师资源，促进教师团队专业发展；聚焦课堂改革，提高舞蹈教学的有效性；注重教师间交流互动，促进舞蹈教研文化形成。

(四) 实施路径及策略

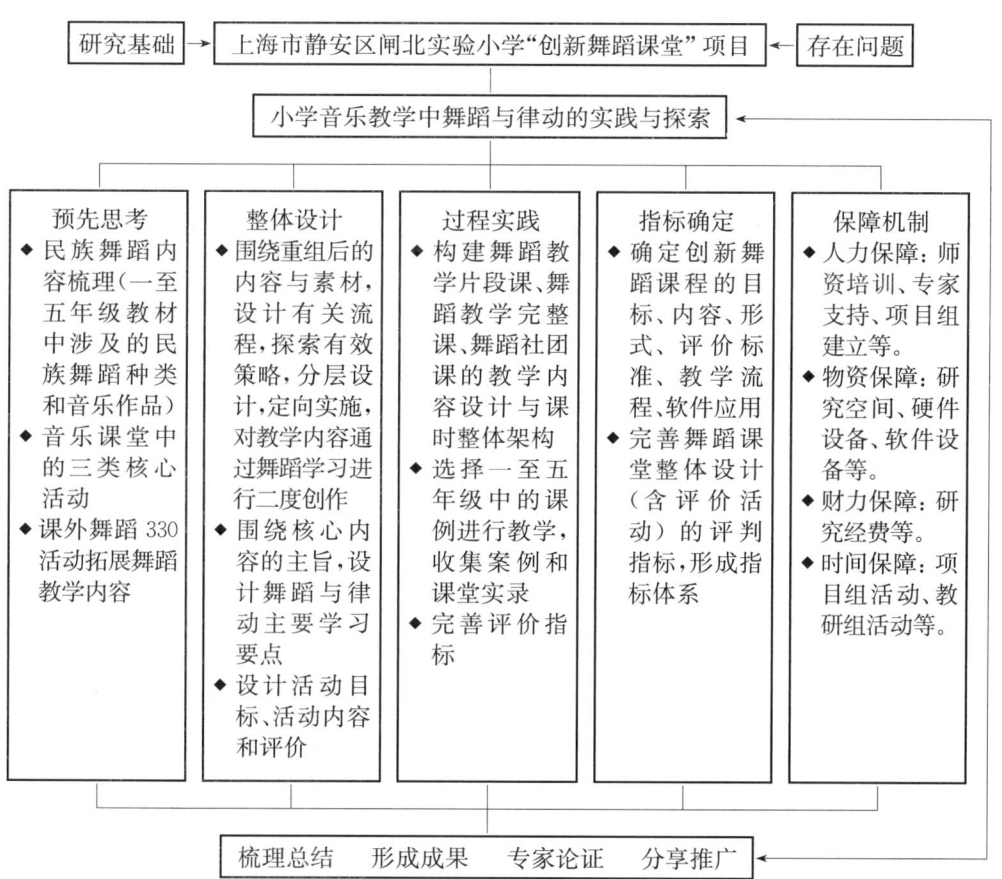

图1　创新舞蹈课堂项目

(五) 年度物化成果

1. 过程性资料

"创新舞蹈课堂"项目推进记录手册、舞蹈330课程活动记录手册、形体校本教材等以及活动照片等资料。

2. 物化成果资料

（1）收集创新舞蹈资源包（教案集包括规范舞蹈教案规格体例撰写，及配套的课堂教学视频）为线上线下舞蹈教学提供相配套的教学资源和参考。

（2）完善原有的一年级形体教材，梳理音乐学科中涉及民族舞蹈内容，制定相配套的民族舞蹈学习教学参考，制定主题式舞蹈教学内容方案。

（3）学生舞蹈创编展示。

（4）开展阶段性成果汇报展示（音乐课、舞蹈课堂教学、学生舞蹈社团）。

二、舞蹈美育同音乐、艺术类学科相整合，健全课程建设

习近平总书记强调，"要全面加强和改进学校美育，坚持以美育人、以文化人，提高学生审美和人文素养"。[①]《上海市中小学音乐课程标准》明确指出：提倡学科综合，音乐教学的综合包括，音乐教学不同领域之间的综合；音乐与舞蹈、戏剧、影视、美术等相关艺术的综合；音乐与艺术之外的其他学科的综合。在实施中，综合应以音乐为教学主线，通过具体的音乐材料构建起与其他艺术门类及其他学科的联系。

我校推进舞蹈课程改革实践与研究，立足学科课程的基础性建设，结合音乐教材内容和学生实际，实施"小学音乐教学中舞蹈与律动的实践与探索"。首先，整个课堂教学呈现规范的教学设计文本、课堂教学、教师规范课堂、教学的教与学的方法策略研究（体现）效能的研究。对一至五年级音乐教材中涉及民族舞蹈的音乐作品和资料进行整理，与中国舞蹈考级教材中进行匹配应用，参考小学音乐舞蹈系列丛书的内容，进行整合运用。比如，挑选出涉及蒙古族舞蹈相关的内容：二年级欣

---

① 上海市教育委员会：《中小学单元教学设计指南》，载《教学研究室》2018年第15期，第34—52页。

赏曲目《民族舞曲联奏》《我是人民小骑兵》、歌唱曲目《草原就是我的家》，三年级欣赏曲目《美丽的草原我的家》，四年级欣赏曲目《鸿雁》《赛马》，五年级歌唱曲目《鸿雁》、欣赏曲目《吉祥三宝》，接着对应《音乐新课程标准》及《音乐教学基本要求》中所要达成的基本目标（音乐感受与欣赏、音乐表现、音乐创造），对各年级进行分层设计、定向实施。

案例一：课堂舞蹈与律动教学《吉祥三宝》

以五年级音乐欣赏作品《吉祥三宝》这首蒙古族歌曲为素材，开展的一节普及性的以舞蹈学习与创编为主的舞蹈综合活动课。通过学生运用已学的蒙古族舞蹈，以及学习新授舞蹈动作，根据不同的音乐速度和情绪，能够改变舞蹈动作来表现音乐特点，并能随音乐配合舞蹈情景表现歌曲的音乐形象，及蒙古族风土人情和地域文化。

为激发学生的兴趣，从歌曲引子部分模仿摔跤和演奏马头琴肢体动作到表演歌曲A部分，再到感知、理解、运用层面，歌曲间奏学生能自主学习蒙古舞蹈手形及提压腕的基本动作，并能舞蹈表演雄鹰展翅并创编变化队形，通过舞蹈情景综合表演草原赛百努，尾声中分角色表演《吉祥一家》，并达到情感升华的目的。

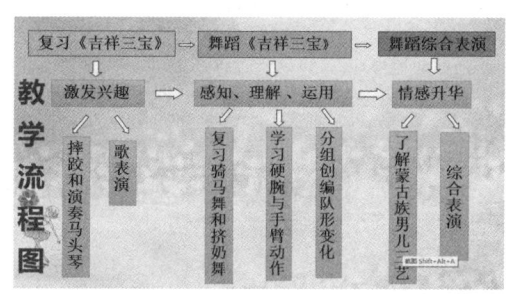

图2 教学流程

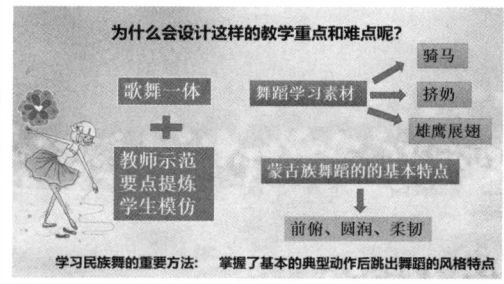

图3 课程设计

这节课以情感体验为主线，设计了构思新颖的舞蹈教学环节，使学生带着不同的目标，以不同的形式，感受、体验、表现、创作舞蹈。在注重情感体验的同时，也渗透学生舞蹈能力培养。

（一）注重创设舞蹈情境中能感受音乐文化，丰富情感的表现方式

选择二年级教材中的蒙古音乐材料作为复习的资源，学生也已有了基本

的蒙古族舞蹈的基础，注重学生相互合作，表演能力的培养，学生在复习舞蹈动作及学习新动作的基础上，结合师生共同创设的情境，分角色舞蹈及组合舞蹈，把学生带到舞蹈表现的情境之中，学生们自由组合、合作学习，积极进行评价。

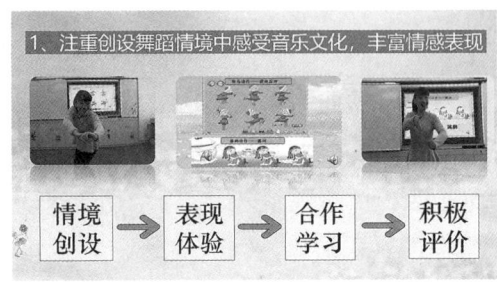

图4　创设舞蹈情境

图5　结合舞蹈文化

(二) 在舞蹈表现活动中渗透音乐文化，提升舞蹈审美能力

舞蹈教学活动中始终关注培养学生的乐感与美感的表现能力，感受音乐和舞蹈间的紧密联系，利用舞蹈教学中口动结合的教学方法，讲解动作要领时，此外，指导舞蹈动作时要结合音乐形象、音乐文化。始终抓住《吉祥三宝》中的"三宝"，结合蒙古族的人文和音乐特点，形象地运用"男儿三艺""蒙古三宝"等语言将蒙古族的风土人情和音乐文化介绍给学生。

(三) 将音乐文化融入舞蹈创编活动中，激发学习民族舞蹈的热情

根据学生学情基础、舞蹈能力的差异，教学中因材施教，在歌曲的引子部分请男生用摔跤的舞蹈动作进行表现，借助于适合男生的舞蹈动作分层教学，在集体舞的学习中让学生自主创编合适的蒙古族舞蹈动作，如老鹰展翅、蒙古摔跤的舞蹈动作就很受男生欢迎。教师指导舞蹈动作时要结合音乐形象、音乐文化来讲解动作的要领。学生在学会基本动作后，在乐曲音乐背景下进行分组创编舞蹈表演的队形，让学生分组创编队形，比如三角形、圆形、梯形、菱形等，五年级的学生，都能在这节课中投入地舞蹈，让学生在掌握蒙古舞不同舞蹈动作的特点及要领时，提高学习蒙古族舞蹈的热情。

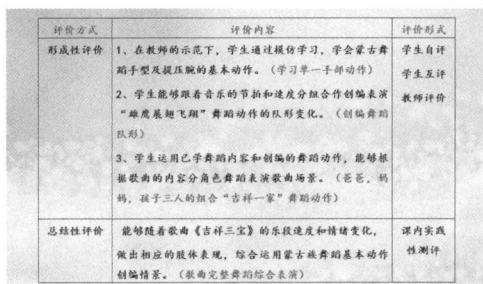

图 6　因材施教　　　　　　　图 7　评价方式

舞蹈课贯穿两种评价方式,形成性评价中有学习单一手部动作、创编舞蹈队形,以及三人的组合"吉祥一家"舞蹈动作的 3 个评价点,总结性评价以歌曲完整舞蹈综合表演为评价点,这样的评价方式既形象又有效,也更好地突出素材,更适合学生开展舞蹈的学习。

三、打造舞蹈艺术社团,将普及与提升相融合

严格详细制订学期舞蹈队训练计划,包括上课教材内容、教学目标、训练方式、演出比赛任务等;同伴互助,规范舞蹈动作,重视理论与实践相结合,促进每一位舞蹈教师的成长,提升自身的舞蹈专业素养。社团积极参加各类舞蹈演出与比赛。金孔雀舞蹈团作为一支优秀的舞蹈队,积极参加校内外、市区级的比赛和演出,这些舞蹈演出活动也留下了舞蹈队孩子们迷人的舞姿。

(一)舞蹈团的成立

我校舞蹈团由热爱且善于舞蹈的优秀学生组成,是活跃校园文化的重要力量。公开选拔团员,学生自愿报名,老师公平考核择优录取。舞蹈团每年从选拔到招生、从教学方案的设计到教学活动的实施,从师资力量的配备到提供良好的教学环境,因材施教,有计划有目的地进行教育教学和教学演出实践活动。

(二)舞蹈团的舞蹈项目及管理保障

儿童舞班的项目,包括中国舞、古典舞、芭蕾舞、舞蹈作品学习。

舞蹈团的各项管理规定如下：

1. 训练场所的保证

教育集团 4 个校区（大宁、龙盛、明德、洛东），均配备有设施齐全的舞蹈训练场地，多媒体教学设备。

2. 训练时间上的保证

除了每周五下午社团活动外，每支舞蹈队每周有不少于 2 个小时的训练。

3. 活动经费的保证

学校投入发展舞蹈的经费支持，为舞蹈队添置演出服、电教设备、舞蹈演出准备化妆室、服装间及舞蹈教学的资料等。

4. 舞蹈团梯队的建设

两个校体各设立梯队式的三级管理模式。初级基础队、中级预备队，以及舞蹈艺术团，舞蹈艺术团的孩子是在前两支队伍中挑选出来的优秀的学生，作为学校品牌的精品队伍。

5. 舞蹈团师资保障

（1）师资的组成

舞蹈团团长以及管理工作由集团艺术总辅导员负责，舞蹈团除了自有师资，近几年在区青少年活动中心、区体育少体校的大力支持下，邀请专家定点定时来我校进行指导教学。我校舞蹈教师敬业爱岗、教学严谨，勤于钻研，勇于探索，与学校艺术教育工作相适应，为舞蹈团的健康发展提供了保障。

（2）师资的培养

① 师徒带教，定点授课

集团内四位音乐老师，根据集团安排定时定点进班上课。舞蹈总指导每周进入教师舞蹈课堂，进行教学质量把控，共同完成授课内容，并及时反馈课堂效果，提升舞蹈老师教学素养。

② 走班授课，无缝衔接

我校老师对整个舞蹈队的学生都有详细的学情了解，便于在集团舞蹈活动中及时调控学生，做好预案准备。舞蹈课要求循序渐进、科学的舞蹈训练方式和教学手段，老师们互相学习每个班级的授课情况，从而督促每一位教师在舞蹈教学中的严谨性和规范性。老师每学年会在各校区进行师资流动，便于教学中衔接工作准

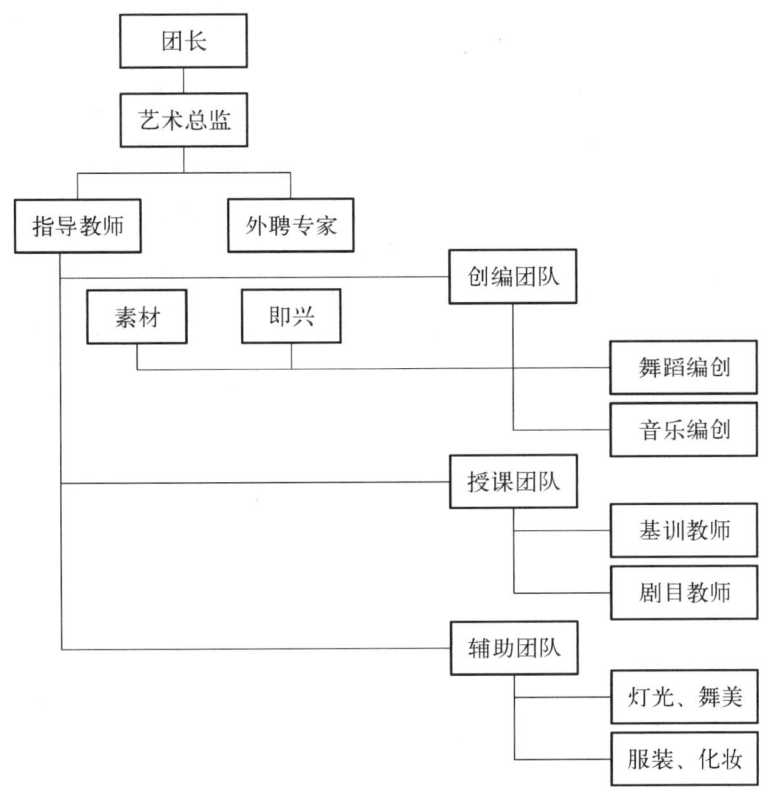

图 8　舞蹈团师资及分工

确到位。

③ 独立带班，个性培养

每位舞蹈老师各自带班，根据舞蹈能力，进行功能定位，要凸显班级学生的舞蹈个性培养。

(3) 舞蹈队教学内容制订

① 定期开展舞蹈学习小组活动

每学期集团舞蹈教师集中制订学期舞蹈队训练计划，包括上课教材内容、教学目标、训练方式、演出比赛任务等；通过同伴互助规范舞蹈动作的美感，保证各梯队班级舞蹈教学内容的一致，理论与实践相结合，促进每一位舞蹈教师共同成长。

图 9　理论课　　　　　　　　　　　　图 10　训练课

② 定期开展"走出去"舞蹈学习观摩活动

每学期安排老师到大剧院观摩活动,积极参加各类舞蹈培训活动,以提升自身的舞蹈专业素养。

四、普及舞蹈进校园,丰富校园艺术活动

我校每年的艺术节是学生展示才华的窗口,也是为推动学校舞蹈教学而设置的平台。通过设计一系列的活动,将舞蹈学习作为一种常态化的学校艺术活动,普及每一位学生的艺术学习中,舞蹈进校园,让更多的孩子们了解舞蹈,喜爱舞蹈。艺术节活动都围绕"民族舞"设计与开展,目的是让学生们感受民族艺术之美,了解民族艺术。

案例二:"艺润童心"舞蹈月艺术节

活动共分为四个板块活动,分别为:音乐舞课堂——写一写民族舞蹈活动单、红领巾广播——看一看民族舞蹈精彩秀、十分钟队会——说一说民族舞蹈我分享、课间大活动——跳一跳民族舞蹈大串烧。

1. 音乐舞课堂——写一写民族舞蹈活动单

学生们结合各类民族舞的宣传海报分年段设计活动年,一、二年级围绕"舞蹈游艺宫";三至五年级以"舞蹈小报"的形式,让学生利用课余时间通过观摩宣传海报、网上查找资料、教师的讲解完成设计。

图 11　舞蹈游艺宫　　　　　　　　图 12　舞蹈小报

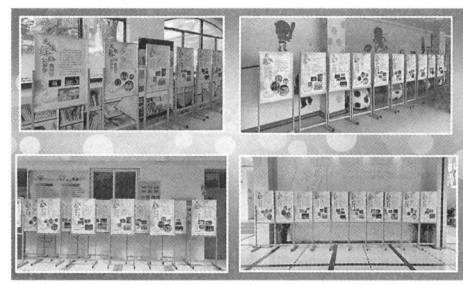
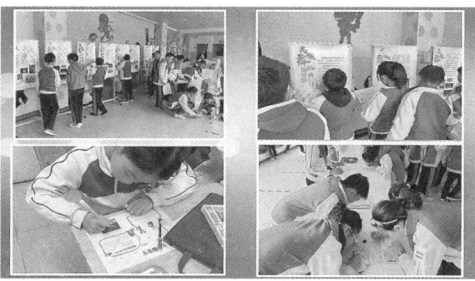

图 13　宣传海报　　　　　　　　图 14　观摩海报

2. 红领巾广播——看一看民族舞蹈精彩秀

通过红领巾广播的时间,4个校区的负责老师各带领一名舞蹈团的学生,进行民族舞蹈讲座,舞蹈讲座分为两个板块。

（1）三个民族舞蹈的介绍(蒙古族、藏族、傣族)

（2）通过舞蹈视频《雀之灵》,感受傣族孔雀舞动作的优美典雅、柔韧内在而又轻盈敏捷。通过这样的方式,让全校学生更加了解民族舞。

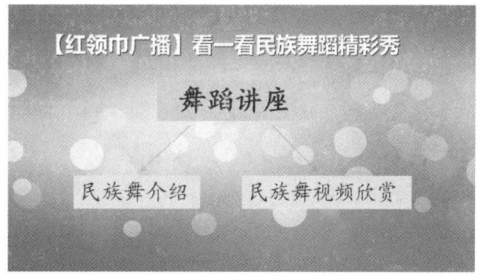

图 15　民族舞讲座　　　　　　　　图 16　红领巾广播

3. 十分钟队会——说一说民族舞蹈我分享

十分钟队会以学生为小讲师,教师挑选有舞蹈功底或积极踊跃的学生担任小讲师,学生通过分享所学的知识,以及网络中查找的资料,介绍民族舞的背景,及1～2个不同的民族舞种,最后,小讲师们进行知识小问答,巩固学生的学习效果。

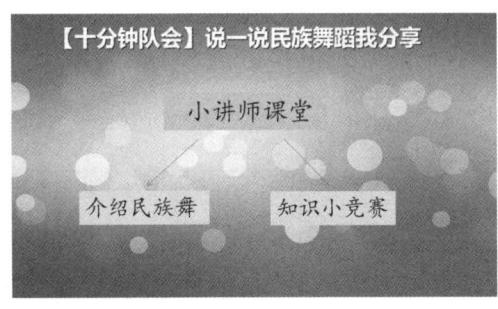
图17　十分钟队会

图18　小讲师

4. 课间大活动——跳一跳民族舞蹈大串烧

民族舞蹈大串烧素材来自二年级第二学期《民族舞曲联奏》中的5首民族舞,分别为新疆维吾尔族作品《娃哈哈》,乐曲活泼轻快;朝鲜族作品《桔梗谣》,乐曲优美抒情;藏族的作品《北京有个金太阳》,乐曲奔放热情;蒙古族的作品《筷子舞》,乐曲豪放粗犷;汉族的作品《秧歌舞》,乐曲欢快热烈。① 以上乐曲旋律各有民族音乐特色,富有歌唱性,可以伴以舞蹈。由五个风格迥异的舞蹈老师设计编排,集团的每位音乐教师共同参与学习。在4月"舞蹈月"中,由校区负责的音乐老师利用大活动时间进行集体舞练习,并制定严格的排练时间表。

图19　艺术节

① 于天贞:《从"主演"到"导演":基础教育翻转课堂中教师角色转换及其路径》,载《上海教育科研》2014年第5期,第49—52页。

表 1　排 练 时 间
各校区中各年级分时段操场舞蹈排练以及展示评比具体时间排片表(音乐组)

周　次	周一大活动	周二大活动	周三大活动	周四大活动	周五大活动
第八周 (4/12—4/16)		大宁(尹、毛) 龙盛(吴、唐)	洛东(顾、陆) 龙盛(吴、唐)	明德(沈、钱)	大宁(吴、尹) 明德(沈、钱) 洛东(顾、陆)
第九周 (4/19—4/21)		龙盛(吴、唐)	洛东(顾、陆) 龙盛(吴、唐) 大宁(毛、尹)	明德(沈、钱) 洛东(顾、陆)	大宁(毛、尹) 明德(沈、钱)
第十周 (4/26—4/30)	铜牌考试				
第十一周 (5/3—5/8)	五一放假			大宁(毛、尹) 龙盛(唐、吴) 明德(沈、钱) 洛乐(陆、顾)	大宁(尹、毛) 龙盛(唐、吴) 明德(沈、钱) 洛东(陆、顾)
第十二周 (5/10—5/14)		四五年级比赛	二三年级比赛	一年级比赛	T台秀比赛

比赛分年级打分,一、二年级选择了:新疆舞、朝鲜族舞、藏族舞。三、四、五年级选择了:新疆舞、藏族舞、蒙古族舞。

从分年级舞蹈表演,到最后完整的舞蹈(五个民族舞蹈)展示。学生参与度很高,起初男生跳舞会扭扭捏捏,通过此次活动男生们在能力上、兴趣上有了明显的自我突破和进步,他们发现,其实舞蹈也并没有想象中那么困难,舞动起来也别有一番韵味。

图 20　四个校区舞蹈比赛

五、主题式舞蹈教学,开拓"三位一体"新格局

创新舞蹈课程从一个小课堂延伸为学校人人参与的大课堂,并且能够以此为基础,发展为学校舞蹈330课堂。基于同一个音乐作品,针对不同年龄段的学生在音乐课堂中实施民族舞蹈与律动的教学,在音乐课堂普及的基础上进行全校民族舞蹈的学习,并延伸至全校学生的课余大活动学习中,与此同时,舞蹈还与社团相结合,我作为带队老师,结合学校"六一"儿童节的活动,在舞蹈动作不变的情况下,重新编排队形,将舞蹈搬上了舞台,也让学生在舞台上得到了一次新的锻炼,民族之花的舞蹈渗透在学校的各个角落。

案例三:以二年级上音乐作品《民族舞曲联奏》为主线,三位一体整体设计

音乐课堂(舞蹈与律动教学)——普及(年段学生)。

校艺术节(全校学习民族集体舞)——普及(全校学生)。

舞蹈330社团(舞蹈作品)—— 提高(特长学生)。

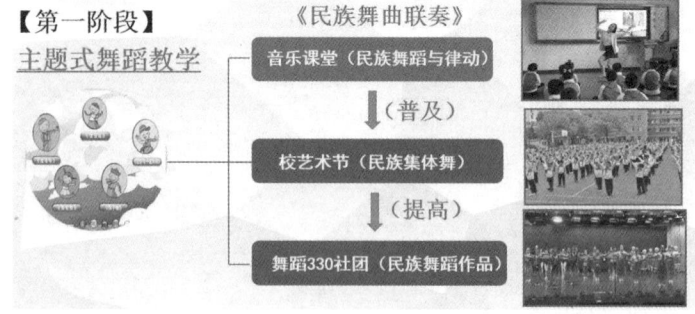

图 21　三位一体设计

六、实施成效

（一）在基础课程中普及舞蹈教学

小学音乐课堂中舞蹈教学区别于专业化教学单纯地技能训练,是利用现有音乐课堂开展系统性规范实施的舞蹈教学课程。形成校本课程及经验,辐射引领、资源共享的实践探索,旨在将舞蹈文化同课程体系、课程形式、课程内容相融合,[①]在传承中均衡体现,在发展中实现优质。

（二）德育活动融入舞蹈教学

将德育活动融入舞蹈,以班级为单位让学生在施展才能的同时了解社会,激发学生爱亲人、爱大家、爱社会、爱生活以及对祖国的热爱之情。

（三）结合学校艺术节展示舞蹈

我校每年的艺术节是学生展示才华的窗口,也是为推动学校舞蹈教学发展而设置的平台。通过设计一系列活动,将舞蹈学习作为一种常态化的学校艺术活动,让舞蹈普及全校每一位学生的艺术学习中,舞蹈进校园,让更多的孩子们了解舞蹈,喜爱舞蹈。

（四）积极参加各级各类舞蹈演出与比赛

金孔雀舞蹈团作为市区的一支优秀舞蹈队,积极参加校内外、市区级的比赛和演出,这些舞蹈演出活动均留下舞蹈队孩子们迷人的舞姿。

---

① 王丽娜:《翻转课堂教学模式中教师和学生的行为转变》,载《教学与管理》2015 年第 18 期,第 97—99 页。

图书在版编目(CIP)数据

2021年上海市学校美育评价优秀案例研究成果汇编 / 上海市艺术教育委员会等编. — 上海：上海社会科学院出版社，2022

ISBN 978-7-5520-3941-2

Ⅰ.①2… Ⅱ.①上… Ⅲ.①美育—教学研究—上海—文集 Ⅳ.①G40-014

中国版本图书馆 CIP 数据核字(2022)第 145426 号

2021年上海市学校美育评价优秀案例研究成果汇编

编　　者：上海市艺术教育委员会、上海市学校艺术教育发展评估中心、上海市教育发展有限公司、《晨刊》编辑部
责任编辑：周　萌
封面设计：梁业礼
出版发行：上海社会科学院出版社
　　　　　上海顺昌路622号　邮编200025
　　　　　电话总机 021-63315947　销售热线 021-53063735
　　　　　http://www.sassp.cn　E-mail:sassp@sassp.cn
排　　版：南京展望文化发展有限公司
印　　刷：上海天地海设计印刷有限公司
开　　本：710毫米×1010毫米　1/16
印　　张：14.75
字　　数：243千
版　　次：2022年8月第1版　2022年8月第1次印刷

ISBN 978-7-5520-3941-2/G·1201　　定价：70.00元

版权所有　翻印必究